Kendİnle Savaşma Sanatı

ICHIRO KISHIMI
FUMITAKE KOGA

Korİdor

KORİDOR YAYINCILIK - 391

ISBN: 978-605-7572-13-4

•

Kendinle Savaşma Sanatı

Ichiro Kishimi ve Fumitake Koga

Özgün Adı:

Kirawereru Yuki (The Courage to be Disliked)

İngilizceden çeviren: Belgin Selen Haktanır

Editör: Zübeyde Abat, Oğuz Tecimen

Kapak uygulama ve dizgi: Tuğçe Ekmekçi

•

Son basım: Koridor Yayıncılık, İstanbul, 2025

Baskı ve Cilt: My Matbaa
Matbaa Sertifika No: 47939

Koridor Yayıncılık

Ömerli Mah. Harman Tepe Cad. No: 17 Kat: 4 Arnavutköy / İstanbul

Tel: 0212 – 544 41 41 / Faks: 0212 – 544 66 70 Yayınevi Sertifika No: 49242

info@koridoryayincilik.com.tr www.koridoryayincilik.com.tr

Kendinle Savaşma Sanatı

ICHIRO KISHIMI
FUMITAKE KOGA

Çeviren: Belgin Selen Haktanır

KORİDOR

Yazarların Notu

Sigmund Freud, Carl Jung ve Alfred Adler'in üçü de psikoloji alanında birer devdir. Elinizdeki kitapta Adler'in felsefe ve psikoloji alanındaki fikir ve öğretileri damıtılarak bir filozof ile genç bir adam arasında geçen bir diyalog biçiminde sunuluyor. Adler psikolojisinin Avrupa'da ve ABD'de geniş bir destekçi kitlesi vardır, zira şu felsefi soruya basit ve açık cevaplar sunar: "Kişi nasıl mutlu olabilir?" İşte bu sorunun cevabı muhtemelen Adler psikolojisinden geçiyor. Bu kitabı okumak hayatınızı değiştirebilir. Şimdi, genç adama eşlik ederek "kapı"nın diğer tarafına geçme cesareti gösterelim.

Bin yıllık şehrin dış bölgelerinden birinde tenha bir yerde yaşayan bir filozof varmış, temel öğretisi şuymuş: "Dünya basit bir yerdir ve mutluluk herkesin ânında erişebileceği bir şeydir." Hayatından memnun olmayan genç bir adam meselenin özünü anlamak için bir gün bu filozofun kapısını çalmış. Bu genç adamın gözünde dünya çelişkilerle dolu kaotik bir yermiş ve kaygıyla baktığı bu dünyada her türlü mutluluk fikri hepten saçmaymış.

GİRİŞ

GENÇ: Bir kez daha sormak istiyorum: Dünyanın her açıdan basit bir yer olduğuna mı inanıyorsunuz?

FİLOZOF: Evet, bu dünya şaşılacak derecede basit, hayat da öyle.

GENÇ: Peki, bu idealist bir argüman mı, yoksa uygulanabilir bir teori mi? Yani hayatta karşılaştığımız her türlü sorunun da basit olduğunu mu söylüyorsunuz?

FİLOZOF: Evet, tabii.

GENÇ: Tamam, şimdilik öyle olsun. Öncelikle bugün sizi neden ziyarete geldiğimi açıklayayım. Birincisi, tatmin edici cevaplar alana dek sizinle tartışmak istiyorum; sonra da mümkün olursa, bu teoriyi boşa çıkarmaya çalışacağım.

FİLOZOF: Ha-ha.

GENÇ: Hakkınızda söylenenleri duydum. Garip bir filozofmuşsunuz, öğretilerinizi ve argümanlarınızı gözardı etmek kolay değilmiş; örneğin "İnsanlar değişebilir", "Dünya basittir", "Herkes mutlu olabilir" gibi iddialarınız varmış. Bu iddiaları duyduğumda kabul edilemez geldi bana, dolayısıyla bir de kendim yoklamak istedim. Bana çok ters gelen bir şey söylerseniz, bunu size söyleyip hatanızı düzelteceğim... Ama böyle bir şey size sinir bozucu gelir mi?

FİLOZOF: Hayır, böyle bir fırsatı hoş karşılarım. Senin gibi genç bir adamı dinlemeyi ve anlatacaklarından mümkün olduğunca bir şeyler öğrenmeyi isterim.

GENÇ: Teşekkürler. Sizi baştan kale almamak gibi bir niyetim yok. Görüşlerinizi dikkate alacağım, sonra da ortaya çıkan olasılıklara göz atacağım. "Dünya basit, hayat da öyle" – bu iddiada herhangi bir doğruluk payı olsa bile, hayat ancak bir çocuğun bakış açısından böyle olabilir. Çocukların vergi ödemek veya işe gitmek gibi yükümlülükleri yoktur. Ebeveynleri ve toplum tarafından korunurlar ve günlerini kaygısız tasasız geçirebilirler. Sonsuza dek süren bir geleceği hayal edebilir ve diledikleri yapabilirler. Acı gerçekleri görmelerine gerek yoktur – gözleri bağlıdır. Dolayısıyla dünya onlara basit görünür. Fakat çocuklar yetişkin olma yolunda ilerledikçe, dünya gerçek tabiatını gösterir. Kısacası, büyüdüğünde neyin ne olduğunu, neleri yapabileceğini ve neleri yapamayacağını öğrenir. Fikirleri değişir ve gördüğü tek şey imkânsızlık olur. Romantik bakış açısı son bulur ve bunun yerini acımasız bir gerçekçilik alır.

FİLOZOF: Anlıyorum. İlginç bir görüş.

GENÇ: Dahası da var. Çocuk büyüdüğünde, insanlarla çeşit çeşit karmaşık ilişkiler yaşar ve ona bir sürü farklı sorumluluk verilir. Hayat artık böyle olacaktır; işte de, evde de, toplum hayatında üstlendiği her türlü rolde de. Kuşkusuz, çocukken anlayamadığı birtakım konuların farkına varacak, ayrımcılık, savaş ve eşitsizlik gibi meseleleri görmezden gelemeyecektir. Yanılıyor muyum?

FİLOZOF: Gayet makul. Devam et lütfen.

GENÇ: Hâlâ dinin egemen olduğu bir zamanda yaşıyor olsaydık, öbür dünyada kurtuluş bir seçenek olabilirdi çünkü o zamanlar her şeyimiz bu kutsal öğretilere bağlıydı, tek yapmamız gereken bunlara uymaktı ve kafa yormamız gereken bir şey yoktu. Ama artık din gücünü yitirdi ve hakiki bir Tanrı inancı kalmadı. Güvenilecek bir dayanak olmadığından, herkes endişe ve şüphe dolu. Herkes kendisi için yaşıyor. Günümüz toplumu böyle. Bu gerçekleri ve söylediklerimi göz önünde bulundurduğunuzda, hâlâ dünyanın basit olduğunu söyleyebilir misiniz?

FİLOZOF: Dediğimde bir değişiklik yok. Dünya basit, hayat da öyle.

GENÇ: Nasıl olur? Dünyanın çelişkilerle dolu bir yer olduğu bariz değil mi?

FİLOZOF: Dünya karmaşık değil. Sen dünyayı karmaşık hale getiriyorsun.

GENÇ: Ben mi?

FİLOZOF: Hiçbirimiz nesnel bir dünyada yaşamıyoruz; tam aksine, kendimiz anlam verdiğimiz öznel bir dünyada yaşıyoruz. Senin gördüğün dünya benim gördüğüm dünyadan farklı, kaldı ki dünyanı başkasıyla paylaşman da imkânsız.

GENÇ: Nasıl olur? Siz ve ben aynı ülkede, aynı zamanda yaşıyoruz ve aynı şeyleri görüyoruz. Öyle değil mi?

FİLOZOF: Epey genç görünüyorsun ama hiç kuyudan yeni çekilmiş su içtin mi?

GENÇ: Kuyu suyu mu? Şey... uzun zaman önceydi. Ama köyde ninemin evinde bir kuyu vardı. Sıcak bir yaz gününde, o kuyudan çekilmiş ferah ve soğuk suyun hoşuma gittiğini hatırlıyorum.

FİLOZOF: Belki biliyorsundur ama kuyu suyu sene boyunca hemen hemen her zaman aynı ısıda, aşağı yukarı 16 derecede kalır. Nesnel bir rakamdır bu – ölçen herkes için aynıdır. Ama aynı suyu yazın içtiğinde soğuk, kışın içtiğinde ılık gelir. Aynı su olmasına rağmen ve termometreye göre 16 derece olmasına rağmen, sana nasıl geldiği yaz mı, kış mı olduğuna göre değiştir.

GENÇ: O halde çevredeki değişimden kaynaklanan bir yanılsama.

FİLOZOF: Hayır, yanılsama değil. O anda, sana göre kuyu suyunun soğukluğu ya da sıcaklığı inkâr edilemez bir gerçektir. Kendi öznel dünyanda yaşaman böyle bir şeydir. Kendi öznelliğinden kaçış yoktur. Şu anda dünya sana karmaşık ve gizemli geliyor ama sen değiştiğinde dünya sana daha basit görünecektir. Mesele dünyanın nasıl bir yer olduğu değil, senin nasıl birisi olduğun.

GENÇ: Nasıl biri olduğum mu?

FİLOZOF: Evet... Sanki dünyaya kara camlı bir gözlükle bakıyorsun, haliyle her şey sana karanlık geliyor. Durum buysa, dünyanın karanlığına ağlayıp sızlanmak yerine, gözlüğünü çıkarman yeter. Belki de dünya sana o zaman o kadar aydınlık gelecek ki ister istemez gözlerini yumacaksın. Belki gözlüğünü tekrar takmak isteyeceksin. Ama öncelikle gözlüğü çıkarabilir misin? Doğrudan dünyaya bakabilir misin? Buna cesaretin var mı?

GENÇ: Cesaret mi?

FİLOZOF: Evet, cesaret meselesi bu.

GENÇ: Pekâlâ. Buna bir sürü itirazım var ama bunları sonraya bırakmak daha iyi olur galiba. Şimdilik şunu bir netleştirelim: "İnsanlar değişir" diyorsunuz değil mi?

FİLOZOF: İnsanlar tabii ki değişebilir. Mutluluğu da bulabilirler.

GENÇ: İstisnasız herkes mi?

FİLOZOF: Kesinlikle istisnasız herkes.

GENÇ: Ha-ha! Büyük konuşmaya başladınız! Konu giderek ilginçleşiyor. Sizinle hemen tartışmaya geçmek istiyorum.

FİLOZOF: Bundan ne kaçarım ne de gizlenirim. Rahat rahat tartışalım. O halde sen "İnsanlar değişemez" diyorsun değil mi?

GENÇ: Evet, değişemezler. Aslında ben de değişemediğim için sıkıntı çekiyorum.

FİLOZOF: Bir yandan da değişebilmeyi istiyorsun.

GENÇ: Elbette. Değişebilseydim ve hayatıma yeniden başlayabilseydim, karşınızda memnuniyetle diz çökerdim. Ama olur ya, bakarsınız sonunda siz benim önümde diz çökersiniz.

FİLOZOF: Bana öğrencilik yıllarımdaki halimi hatırlatıyorsun. Ben de o zamanlar kanı kaynayan genç bir adamdım; gerçeği arıyordum, aylak aylak geziniyordum, filozoflara başvuruyordum...

GENÇ: Evet, gerçeği arıyorum. Hayatla ilgili gerçeği.

FİLOZOF: Hiçbir zaman ne bir müride ihtiyaç duydum ne de bir müridim oldu. Gelgelelim Yunan felsefesiyle uğraşmaya başladığımdan beri, sonra da başka bir felsefeyle tanıştığımdan beri, uzun süredir senin gibi bir gencin beni ziyaret etmesini bekliyordum.

GENÇ: Başka bir felsefe mi? Ne ola ki acaba?

FİLOZOF: Çalışma odam hemen şurada. İçeri gir. Uzun bir gece olacak. Ben de gidip sıcak kahve yapayım.

BİRİNCİ GECE

Travmayı Reddetmek

Genç adam çalışma odasına girdi ve bir sandalyeye bıraktı kendini. Filozofun teorilerini reddetmeye neden o kadar kararlıydı? Bunun nedenleri gayet açıktı. Özgüven eksikliği vardı, bunun yanısıra çocukluğundan beri kişisel ve okul geçmişinden gelen, ayrıca fiziksel görünüşünden kaynaklanan derine yerleşmiş aşağılık duyguları vardı. Belki de bu yüzden insanlar ona baktığında aşırı utanıp sıkılıyordu. Çoğu zaman başkalarının mutluluğunu gönülden takdir etmeyi beceremiyor, sürekli kendine acıyordu. Ona göre filozofun iddiaları boş kuruntulardan ibaretti.

BİLİNMEYEN "ÜÇÜNCÜ DEV"

GENÇ: Az önce "başka bir felsefe" dediniz ama uzmanlık alanınızın Yunan felsefesi olduğunu duymuştum.

FİLOZOF: Evet, Yunan felsefesi çocukluğumdan beri hayatımda önemli bir yer tutuyor. Sokrates, Platon, Aristoteles gibi muhteşem entelektüel kişilikler... Şu aralar Platon'un bir eserini tercüme ediyorum ve ömrümün geri kalanını da Antik Yunan felsefesi üzerine çalışarak geçirmeyi umuyorum.

GENÇ: Peki, o halde şu "başka felsefe" ne?

FİLOZOF: Avusturyalı psikiyatrist Alfred Adler tarafından yirminci yüzyılın başında kurulmuş yepyeni bir psikoloji ekolü. Buna genellikle Adler psikolojisi deniyor.

GENÇ: Hımm... Yunan felsefesi alanında uzman birisinin psikolojiye ilgi duyacağı hiç aklıma gelmezdi.

FİLOZOF: Diğer psikoloji ekollerinin izlediği yollara aşina değilim. Ama Adler psikolojisinin Yunan felsefesiyle aynı hatlarda olduğunu ve tam olarak bir araştırma alanı olduğunu söylemek bence yanlış olmaz.

GENÇ: Freud'un ve Jung psikolojilerini biraz biliyorum. İnanılmaz bir alan.

FİLOZOF: Evet, Freud ve Jung tanınmış kişiler. Adler, Freud'un başkanlık ettiği Viyana Psikanaliz Cemiyeti'nin kurucu üyelerinden biriydi. Adler'in fikirleri Freud'unkilere ters düşüyordu ve gruptan ayrılıp kendi orijinal teorilerine dayalı bir "bireysel psikoloji" öne sürdü.

GENÇ: Bireysel psikoloji mi? Bu da garip bir terimmiş. O halde Adler Freud'un takipçilerinden biri miydi?

FİLOZOF: Hayır, değildi. Bu yaygın bir yanlış kanı; bunu açıklığa kavuşturmamız gerek. Bir kere, Adler ve Freud yaşça nispeten yakınlardı ve araştırmacı olarak kurdukları ilişki eşitliğe dayalıydı. Adler, Freud'a bir baba gibi saygı duyan Jung'dan çok farklıydı. Psikoloji esas olarak Freud ve Jung'la ilişkilendirilir ama Adler, Jung'la ve Freud'la birlikte, dünyanın geri kalan her yerinde bu alanın üç devinden biri olarak tanınır.

GENÇ: Demek öyle. Bu konuyu biraz daha araştırmalıymışım.

FİLOZOF: Adler'i duymamış olman gayet doğal. Kendisinin dediği gibi: "İleride bir gün insanlar ismimi hatırlamayabilir, hatta ekolümüzün var olduğunu dahi unutabilirler." Sonra da bunun önemli olmadığını söylemiştir. Demek istediği şuydu: Olur da bir gün ekolü unutulacak olursa, bunun sebebi fikirlerinin tek bir araştırma alanının sınırlarını aşıp sıradanlaşması ve herkesin paylaştığı ortak bir his haline gelmesi olacaktı. Örneğin Dale Carnegie'yi bilirsin belki, *Dost Kazanma ve İnsanları Etkileme Sanatı* ve *Üzüntüyü Bırak Yaşamaya Bak* adlı kitapların yazarı. O da Adler için şunu söyler: "İnsanları ve gizli becerilerini araştırmaya hayatını adamış büyük bir psikolog." Adler'in düşüncesinin etkisi Carnegie'nin eserlerinde açıkça görülebilir. Sonra Stephen

Covey'nin *Etkili İnsanların 7 Alışkanlığı* adlı kitabında içerik büyük ölçüde Adler'in fikirlerine benzer. Başka bir deyişle Adler psikolojisi sadece teorik bir araştırma alanı olarak değil, daha ziyade hakikatlerin gerçekleştiği ve insan anlayışının zirveye ulaştığı pratik bir alan olarak kabul görmüştür. Ama Adler'in fikirlerinin zamanının yüz sene ilerisinde olduğu ve bugün bile bunları tam olarak anlayamadığımız söylenir. İşte, fikirleri böylesine çığır açıcıydı.

GENÇ: O halde sizin teorileriniz Yunan felsefesinden ziyade Adler psikolojisinden hareketle mi gelişti?

FİLOZOF: Evet, öyle oldu.

GENÇ: Tamam. Size temel yaklaşımınız hakkında bir şey daha sormak istiyorum. Filozof musunuz, yoksa psikolog mu?

FİLOZOF: Filozofum, felsefeyi yaşayan birisiyim. Bence Adler psikolojisi Yunan felsefesiyle örtüşen bir düşünce türüdür ve dolayısıyla felsefedir.

GENÇ: Pekâlâ. Haydi başlayalım.

İNSANLAR NEDEN DEĞİŞEBİLİR

GENÇ: İlk olarak, konuşmanın anahatlarını belirleyelim. İnsanların değişebileceğini söylediniz. Sonra bir adım daha ileri gidip herkesin mutluluğu bulabileceğini söylediniz.

FİLOZOF: Evet, istisnasız herkes mutluluğu bulabilir.

GENÇ: Mutluluk konusunu sonraya saklayalım ve ilk olarak değişimden söz edelim. Herkes değişebilmeyi ister. Ben değişmek istediğimi biliyorum ve eminim ki sokakta çevirip kime sorsanız değişmek istediğini söyler. İyi de herkes neden değişmek ister? Bunun tek bir cevabı var: Çünkü değişemezler.

Değişmek insanlar için kolay bir şey olsaydı, değişmek istemeye o kadar zaman harcamazlardı. İnsanlar ne kadar istese de değişemez. Zaten bu yüzden bir sürü insan yeni dinlere ve şaibeli kişisel gelişim seminerlerine kapılıyor, herkesin değişebileceğine dair vaazları yutuyor. Haksız mıyım?

FİLOZOF: Eh, buna karşılık ben de sana neden insanların değişemeyeceği konusunda bu kadar kararlı olduğunu sormak isterim.

GENÇ: Nedeni şu: Bir arkadaşım birkaç senedir kendini odasına kapatmış durumda. Dışarı çıkabilmek hatta mümkünse bir işte çalışmak istiyor. Yani şu anki halini değiştirmek istiyor. Arkadaşı olarak söylediğimi düşünmeyin ama emin olun ki kendisi topluma çok faydalı olabilecek çok düzgün bir insan. Sadece odasından çıkmaya korkuyor. Dışarıya tek bir adım dahi atacak olursa çarpıntıları başlıyor, kolları ve bacakları titriyor. Sanırım bir tür nevroz ya da panik yaşıyor. Değişmek istiyor ama yapamıyor.

FİLOZOF: Sence dışarı çıkamamasının nedeni ne?

GENÇ: Emin değilim. Ebeveynleriyle olan ilişkisinden dolayı ya da okulda veya işyerinde zorbalığa maruz kaldığından olabilir. Oralarda bir tür travma yaşamış olabilir. Ama tam tersi de olabilir – belki de çocukken çok fazla şımartılmıştır ve gerçeklerle yüzleşemiyordur. Bilemiyorum... Geçmişini ya da ailevi durumunu da kurcalamak istemiyorum.

FİLOZOF: O halde arkadaşının geçmişinde travmaya neden olmuş birtakım olaylar ya da buna benzer bir şey olduğunu, bu yüzden de artık dışarı çıkamadığını mı söylüyorsun?

GENÇ: Elbette. Sonuçtan önce bir neden vardır. Bunun gizemli hiçbir yanı yok.

FİLOZOF: O zaman artık dışarı çıkamamasının nedeni belki de çocukluk dönemindeki ev ortamına dayanıyordur. Ebeveynleri tarafından istismar edilmiştir ve sevgi hissini hiç tatmadan yetişkinliğe ulaşmıştır. Bu yüzden de insanlarla etkileşim kurmaya ve odasından çıkmaya korkuyordur. Makul bir açıklama, değil mi?

GENÇ: Evet, gerçekten de makul. Bunun ne kadar zor bir durum olduğunu hayal edebiliyorum.

FİLOZOF: Az önce "Sonuçtan önce bir neden vardır" dedin. Ya da başka türlü söylemek gerekirse: Şu anda kim olduğum (sonuç) geçmişteki olaylarla (neden) belirlenir. Doğru anlamış mıyım?

GENÇ: Evet, doğru.

FİLOZOF: O halde dünyadaki herkesin şu ânı ve şu anda bulunduğu yer dediğin gibi geçmişte yaşadığı olaylarla belirlendiğinde her şey çok tuhaf olmaz mı? Bir düşünsene. Ebeveynleri tarafından istismar edilen herkesin arkadaşınla aynı şeyleri yaşaması ve münzeviye dönüşmesi gerekirdi, yoksa bu fikrin iler tutar tarafı kalmıyor. Yani geçmiş aslında şimdiyi belirliyorsa ve nedenler sonuçları kontrol ediyorsa durum böyle oluyor.

GENÇ: Tam olarak nereye varmak istiyorsunuz?

FİLOZOF: Sadece geçmiş nedenlere odaklanıp her şeyi neden-sonuç ilişkisiyle açıklamaya çalışırsak determinizme varırız. Zira bu mantığa göre şimdimiz ve geleceğimiz zaten geçmiş olaylar tarafından belirlenmiştir, dolayısıyla şimdiyi ve geleceği değiştirmek mümkün değildir. Haksız mıyım?

GENÇ: Yani geçmişin bir önemi olmadığını mı söylüyorsunuz?

FİLOZOF: Evet, Adler psikolojisinin bakış açısı budur.

GENÇ: Tamam. İhtilafa düştüğümüz noktalar şimdi daha belirgin hale geldi. Ama sizin açıklamanızdan gidersek, arkadaşımın dışarı çıkamaması için geriye hiçbir neden kalmadığı sonucuna ulaşmaz mıyız? Çünkü geçmiş olayların bir önemi olmadığını söylüyorsunuz. Kusura bakmayın ama böyle olması mümkün değil. Onun inzivaya çekilmesinin bir nedeni olmalı. Öyle olmak zorunda, yoksa hiçbir açıklaması olmazdı!

FİLOZOF: Doğru, bir açıklaması olmazdı. Adler psikolojisinde, geçmiş "nedenler"i değil şimdiki "hedefler"i düşünürüz.

GENÇ: Şimdiki hedefler mi?

FİLOZOF: Arkadaşın kendine güvenmiyor, bu nedenle de dışarı çıkamıyor. Bir de tersinden düşün. Dışarı çıkmak istemiyor, bu nedenle kendine bir kaygı hali yaratıyor.

GENÇ: Nasıl yani?

FİLOZOF: Şöyle düşün. Arkadaşının daha önceden dışarı çıkmamak gibi bir hedefi vardı ve bu hedefe ulaşmak için kendine bir kaygı ve korku hali yarattı. Adler psikolojisinde buna "teleoloji" denir.

GENÇ: Dalga geçiyor olmalısınız! Arkadaşımın kaygısı ve korkusu kuruntu mu yani? Bu durumda hasta numarası yaptığını da mı söyleyeceksiniz?

FİLOZOF: Hasta numarası yapmıyor. Arkadaşının hissettiği kaygı ve korku gerçek. Zaman zaman migreni de tutabilir, şiddetli mide krampları da yaşayabilir. Ama bunlar da dışarı çıkmama hedefine ulaşmak için yarattığı semptomlardır.

GENÇ: Doğru olamaz! İmkânsız! Çok iç karartıcı!

FİLOZOF: Hayır. Bu, "etiyoloji" (nedenlerin incelenmesi) ile "teleoloji" (belirli bir olgunun nedeninin değil amacının incelenmesi) arasındaki fark. Bana anlattığın her şey etiyolojiye dayalı. Etiyolojide kaldığımız müddetçe ileriye doğru tek bir adım atamayız.

TRAVMA DİYE BİR ŞEY YOKTUR

GENÇ: Her şeyi böyle dümdüz söyleyecekseniz, sizden ayrıntılı bir açıklama duymak isterim. Bir kere, bu bahsettiğiniz etiyoloji ile teleoloji arasındaki fark nedir?

FİLOZOF: Diyelim ki üşüttün, çok ateşin çıktı ve doktora muayene olmaya gittin. Sonra diyelim ki doktor sana hastalığının nedenini şöyle açıkladı: Önceki gün dışarı çıkarken ince giyinmişsin, sonra da üşütmüşsün. Bu açıklama seni tatmin eder miydi?

GENÇ: Tabii ki etmezdi. Nedenin ne olduğunu umursamazdım bile... Yok ince giyinmişim yok hava yağmurluymuş filan önemli değil. Önemli olan semptomlar, yani o sırada yüksek ateşim olması. Doktor olduğuna göre beni tedavi etmesini, ilaç yazmasını, iğne yapmasını ya da artık ne gerekiyorsa onu yapmasını isterim.

FİLOZOF: Ama etiyolojik bakış açısını benimseyenler –ki danışmanların ve psikiyatristlerin çoğu böyle– sana diyecek ki rahatsızlığın geçmişteki şu ya da bu nedenden kaynaklanıyor. Sonra da şu sözlerle seni teselli edecekler: "Gördüğün gibi, senin hatan değil." Sözüm ona travmalarla ilgili argümanlar tipik olarak etiyolojiye özgüdür.

GENÇ: Bir dakika! Travma diye bir şeyin varlığını hepten inkâr mı ediyorsunuz?

FİLOZOF: Evet. Katiyen kabul etmiyorum.

GENÇ: Ne! Siz psikoloji alanında yetkili biri değil misiniz? Adler de sonuçta psikolog değil mi?

FİLOZOF: Adler psikolojisinde travma kesinlikle reddedilir. Bu yepyeni ve devrimsel bir hamleydi. Hiç şüphesiz travmayla ilgili Freudyen bakış açısı büyüleyicidir. Freud bir kişinin ruhsal yaralarının, travmalarının onun şimdiki mutsuzluğunun nedeni olduğunu öne sürmüştür. Bir insanın hayatını uzun bir anlatı olarak ele aldığında, orada kolaylıkla anlaşılan bir nedensellik ve dramatik bir gelişme görürsün, bunlar da güçlü izlenimler yaratır ve son derece ilgi çekicidir. Ama travma argümanını reddeden Adler şunu söyler: "Tek başına hiçbir deneyim başarımızın ya da başarısızlığımızın nedeni değildir. Deneyimlerimizin yarattığı şok –sözüm ona travma– yüzünden sıkıntı çekmeyiz, deneyimlerimizi amaçlarımıza uyacak şekilde yorumlarız. Deneyimlerimiz değil deneyimlerimize verdiğimiz anlam bizi belirler."

GENÇ: Yani bunları amaçlarımıza uyacak hale biz mi getiriyoruz?

FİLOZOF: Aynen öyle. Adler'in buradaki argümanına odaklanalım. Benliği belirleyen, deneyimlerin kendisi değil deneyimlere *verdiğimiz anlam*dır. Korkunç bir felaket ya da çocuklukta kötü muamele veya benzeri deneyimlerin kişiliğin oluşmasına bir etkisi olmadığını söylemiyor; bu olayların etkisi güçlüdür. Ama mesele şu ki hiçbir şey aslında bu etkiler tarafından belirlenmiyor. Bizler kendi hayatımızı, bu geçmiş deneyimlere verdiğimiz anlamla belirliyoruz. Hayat birisinin sana verdiği bir şey değil senin seçtiğin bir şeydir ve hayatı nasıl yaşayacağına da sen kendin karar verirsin.

GENÇ: Tamam, o zaman arkadaşımın aslında bu şekilde yaşamayı seçtiği için mi odasına kapandığını söylüyorsunuz? Bu ciddi bir durum. İnanın, o da bunu istemiyor. Hatta bulunduğu şartlardan dolayı mecbur kaldığı bir şey bu. Şu anda olduğu kişi olmaktan başka bir seçeneği yoktu.

FİLOZOF: Hayır. Diyelim ki arkadaşın sahiden de şöyle düşünüyor olsun: *Ebeveynlerim tarafından istismar edildiğim için topluma uyum sağlayamıyorum.* Yine de bunun nedeni bu şekilde düşünmeyi *hedeflemiş* olması.

GENÇ: Nasıl bir hedef bu?

FİLOZOF: İlk aklıma gelen, "dışarı çıkmama" hedefi. Muhtemelen böyle. Odasında kalma gerekçesi olarak anksiyete ve korku yaratıyor.

GENÇ: Peki, neden dışarı çıkmak istemiyor? Esas sorun bu.

FİLOZOF: Bunu bir de ebeveynler açısından düşün. Çocuğun kendini bir odaya kapasaydı, sen ne hissederdin?

GENÇ: Endişelenirdim elbette. Topluma geri dönmesi için ona yardım etmek isterdim. İyi olmasını isterdim ve onu doğru yetiştirdim mi acaba diye düşünürdüm. Eminim ki tedirginlik hisseder ve onu normal hayata döndürmek için her türlü yolu denerdim.

FİLOZOF: İşte, esas sorun da *burada*.

GENÇ: Nerede?

FİLOZOF: Sürekli odamda kalır ve asla dışarı çıkmazsam, ebeveynlerim endişelenir. Bütün ilgileri bana odaklanır. Yanımda son derece dikkatli davranırlar ve bana sürekli ihtimam gösterirler. Öte yandan evden dışarı adım attığımda, kimsenin dikkatini yöneltmediği kimliği belirsiz bir kitlenin parçası olurum. Etrafım tanımadığım kişilerle çevrili olur ve sıradan ya da onun da aşağısında biri olurum. Artık kimse bana özel bir ilgi göstermez... İçe kapanan insanlarla ilgili bu tür hikâyeler sık sık anlatılır.

GENÇ: O zaman, yürüttüğünüz mantığı takiben, arkadaşım hedefine ulaşmış olduğuna göre mevcut halinden memnun mu?

FİLOZOF: Memnun olduğu konusunda şüphelerim var, mutlu olmadığına da eminim. Yine de hedefine uygun davrandığı apaçık ortada. Arkadaşına özgü bir durum değil bu. Hepimiz belli bir hedef doğrultusunda yaşarız. Teleoloji bize bunu söyler.

GENÇ: Mümkün değil. Bu söylediğinizi kabul edilemez buluyorum. Bakın, benim arkadaşım...

FİLOZOF: Bak şimdi, eğer arkadaşından söz etmeye devam edersek, bu tartışma hiçbir yere varmaz. Gıyabi bir yargılamaya dönüşür, bunun da hiçbir yararı olmaz. Başka bir örneği ele alalım.

GENÇ: Şuna ne dersiniz? Daha dün başıma gelen, benimle ilgili bir şey.

FİLOZOF: Öyle mi? Dikkatle dinliyorum.

ÖFKEYİ İNSANLAR YARATIR

GENÇ: Dün öğleden sonra bir kafede oturmuş kitap okuyordum, o sırada bir garson yanımdan geçerken ceketime kahve döktü. Ceketi yeni almıştım, en şık kıyafetim oydu. Elimde olmadan öfkelendim. Avazım çıktığı kadar bağırdım. Genellikle halka açık yerlerde yüksek sesle konuşan biri değilimdir. Ama dün bağırıp çağırarak ortalığı ayağa kaldırdım çünkü öfkeden çıldırmış ve kendimi kaybetmiştim. Buna ne dersiniz? Burada da bir hedef söz konusu olabilir mi? Ne açıdan bakarsanız bakın, bir nedenden kaynaklanan bir davranış değil mi bu?

FİLOZOF: Demek öfke hissi seni tetikledi ve bağırmaya başladın. Genellikle mülayim birisi olduğun halde, öfkelenmeden edemedin. Kaçınılmaz bir durumdu ve kendini tutamadın. Bunu mu demek istiyorsun?

GENÇ: Evet, çünkü her şey bir anda oldu. Ne diyeceğimi bile düşünmeden sözler ağzımdan çıkıverdi.

FİLOZOF: Peki, diyelim ki dün yanında bir bıçak vardı ve öfkelendiğinde kendini kaybedip adamı bıçakladın. Bunu yine de "Kaçınılmaz bir durumdu ve yapabileceğim hiçbir şey yoktu" diyerek gerekçelendirebilir misin?

GENÇ: Hadi ama... bu son derece abartılı bir argüman!

FİLOZOF: Abartılı bir argüman değil. Senin mantığınla devam edecek olursak, öfkeyle işlenen her suçun sorumlusu öfke olur ve artık kişinin sorumluluğunda olmaktan çıkar çünkü sen özünde insanların duygularını kontrol edemediklerini söylüyorsun.

GENÇ: Öfkemi nasıl açıklıyorsunuz o zaman?

FİLOZOF: Son derece basit. İlk önce öfkeden kendini kaybedip sonra bağırmaya başlamadın. Sırf bağırabilmek için öfkelendin. Başka türlü söylemek gerekirse, bağırma hedefine ulaşabilmek için öfke hissini yarattın.

GENÇ: Ne demek istiyorsunuz?

FİLOZOF: Bağırma hedefinin her şeyden önce geldiğini söylüyorum. Yani bağırarak garsonun sana boyun eğmesini ve söyleyeceklerini dinlemesini sağlamak istedin. Bunu yapabilmek için de öfke hissini yarattın.

GENÇ: Ben mi yarattım? Şaka yapıyor olmalısınız!

FİLOZOF: O halde neden sesini yükselttin?

GENÇ: Dediğim gibi, olay çok canımı sıktı ve kendimi kaybettim.

FİLOZOF: Hayır. Sorunu sesini yükseltmeden açıklayabilirdin. Garson da büyük ihtimalle senden içtenlikle özür diler, ceketini temiz bir bezle siler ve gerekeni yapardı. Ceketini kuru temizlemeye yollamayı bile teklif edebilirdi. Garsonun bunları yapabileceğini içten içe biliyordun ama yine de bağırdın. Meseleyi sakin sakin konuşma zahmetine girmedin; bundan kaçınmak için de, direnç göstermeyen bu kişinin sana itaat etmesini sağlamaya çalıştın. Bunu yapabilmek için kullandığın araç ise öfke hissiydi.

GENÇ: Kesinlikle hayır. Beni kandıramazsınız. Adamın bana itaat etmesi için mi öfke yarattım? Size yemin ederim ki bu tür bir şeyi düşünecek bir saniyem bile olmadı. Bunu düşünüp sonra öfkelenmedim. Öfke daha ziyade dürtüsel bir histir.

FİLOZOF: Doğru, öfke bir anda ortaya çıkan bir duygudur. Sana bir hikâye anlatayım. Bir gün, bir anne ve kızı bağıra çağıra tartışıyormuş. Birden telefon çalmış. Anne hemen ahizeyi kapmış ve hâlâ öfkeli olan bir sesle "Alo?" demiş. Arayan kişi kızının sınıf öğretmeniymiş. Anne kimin aradığını anlar anlamaz ses tonunu değiştirmiş ve çok nazik bir tavırla konuşmaya başlamış. Sonraki beş dakika boyunca, telefonda en iyi ses tonuyla konuşmaya devam etmiş. Telefonu kapatır kapatmaz ifadesi yeniden değişmiş ve dönüp kızına bağırmaya devam etmiş.

GENÇ: Eh, bu o kadar da sıradışı bir hikâye değil.

FİLOZOF: Anlamıyor musun? Kısacası, öfke ihtiyaç halinde ortaya çıkarılabilen bir araçtır. Telefon çaldığı anda bir kenara kaldırılabilir ve telefonu kapatır kapatmaz yine ortaya çıkarılabilir. Bu hikâyedeki anne kontrol edemediği bir öfke yüzünden bağırmıyor. Kızını yüksek sesle sindirip kendi görüşlerini dayatmak için kullanıyor öfkesini.

GENÇ: O halde öfke belli bir amaca ulaşmaya yönelik bir araç mı?

FİLOZOF: Teleolojiye göre öyle.

GENÇ: Tamam, şimdi anladım. O mülayim gözüken maskenizin altında, korkunç bir nihilist var! İster öfkeden ister münzevi arkadaşımdan söz ediyor olun, bütün fikirleriniz insanlara karşı güvensizlikle dolu!

GEÇMİŞ TARAFINDAN KONTROL EDİLMEDEN NASIL YAŞANIR

FİLOZOF: Neden nihilistmişim?

GENÇ: Şöyle düşünün. Basitçe söylemek gerekirse, insani duyguların varlığını reddediyorsunuz. Duyguların araçlardan ibaret olduğunu, birtakım hedeflere ulaşmak için kullanılan vasıtalar olduğunu söylüyorsunuz. Ama bakın. Duyguları reddederseniz, insanlığı da reddeden bir görüşü savunuyor olursunuz.

Çünkü bizi insan yapan şey duygularımız ve her türlü duyguya verdiğimiz tepkilerdir. Duygular reddedilirse, insanlar zavallı makinelerden başka bir şey olmaz. Bu nihilizm değilse nedir?

FİLOZOF: Duyguların varlığını reddetmiyorum. Herkesin duyguları vardır. Bunu söylemeye bile gerek yok. Ama insanların duygulara karşı koyamayan varlıklar olduğunu söylersen, buna karşı çıkarım. Adler psikolojisi nihilizme taban tabana zıt bir düşünme biçimi ve felsefedir. Duygularımızın kontrolünde olmadığımızı söyler. Bu bağlamda insanların duyguları tarafından kontrol edilmediklerini gösterirken, bir yandan da geçmişimiz tarafından kontrol edilmediğimizi gösterir.

GENÇ: O halde insanlar ne duyguları ne de geçmişleri tarafından kontrol edilir, öyle mi?

FİLOZOF: Pekâlâ, sözgelimi ebeveynleri geçmişte boşanmış birini ele alalım. Bu nesnel bir şey değil midir, her zaman on altı derece olan kuyu suyu gibi? Ama boşanma soğuk mudur yoksa ılık mı? Dolayısıyla bu "şimdi"ye bağlı öznel bir durumdur. Geçmişte ne yaşanmış olursa olsun, bir kişinin şimdisinin nasıl olacağını belirleyen, o kişinin geçmişe atfettiği anlamdır.

GENÇ: Yani mesele "neler yaşandığı" değil "sorunun nasıl çözüldüğü" mü?

FİLOZOF: Kesinlikle öyle. Zaman makinesine atlayıp geçmişe gidemeyiz. Zamanı geri alamayız. Etiyolojide kalırsan, geçmişe bağlı kalırsın ve mutluluğu asla bulamazsın.

GENÇ: Doğru! Geçmişi değiştiremeyiz. Zaten hayatın bu kadar zor olmasının nedeni de bu.

FİLOZOF: Hayat o kadar da zor değil. Geçmiş her şeyi belirleseydi ve asla değiştirilemeseydi, bugün yaşayanlar olarak hayatımızda ileriye dönük etkin adımlar atamazdık. Sonuç olarak ne olurdu? Dünyadan umudunu kesmeye ve hayattan vazgeçmeye varan bir nihilizmle ve kötümserlikle baş başa kalırdık. Tipik özelliği travma argümanı olan Freudyen etiyoloji bir tür determinizmdir ve sonunda nihilizme çıkar. Bu tür değerleri kabul ediyor musun?

GENÇ: Bunları kabul etmek istemiyorum ama geçmiş çok güçlü.

FİLOZOF: Olasılıkları düşün. İnsanları değişebilen varlıklar olarak düşündüğümüzde, etiyolojiye dayalı değerler kümesi savunulamaz hale gelir ve kişi kendiliğinden teleolojiye yönelir.

GENÇ: O halde daima "İnsanlar değişebilir" önermesini temel almak gerektiğini söylüyorsunuz?

FİLOZOF: Elbette. Lütfen şunu unutma: Özgür iradeyi reddeden ve insanlara makine muamelesi yapan asıl Freudyen etiyolojidir.

***

Genç adam duraksadı ve filozofun çalışma odasında etrafına bakındı. Duvarlar zeminden tavana kadar kitaplarla dolu raflarla kaplıydı. Ufak ahşap bir masada bir dolmakalem ve üzerine bir şeyler yazılmış bir kâğıt destesi duruyordu. "İnsanlar geçmiş nedenlerin güdümünde değildir, kendi belirledikleri hedeflere doğru ilerlerler." Filozofun iddiası buydu. Benimsediği teleoloji yaklaşımı yaygın olarak kabul görmüş psikolojinin temelindeki nedensellik ilkesini altüst ediyordu ve genç adam bunu bir türlü kabul edemiyordu. Bu durumda, buna karşı nasıl bir argüman geliştirmesi gerekirdi? Genç adam derin bir nefes aldı.

SOKRATES VE ADLER

GENÇ: Tamam. Size başka bir arkadaşımdan söz edeyim. Adı Y diyelim. Kendisi her zaman şen şakrak biridir ve herkesle kolayca konuşup anlaşır. Ayçiçeği gibi bir insan – herkes onu sever ve insanlar onun yanında hep gülümser. Buna karşılık, ben asla sosyal ortamlarda rahat eden birisi olmadım ve çeşitli açılardan biraz tuhaf sayılırım. Şimdi, siz insanların Adler'in teleolojisiyle değişebileceğini iddia ediyorsunuz değil mi?

FİLOZOF: Evet. Sen ya da ben, herkes değişebilir.

GENÇ: O halde Y gibi birisi olabilir miyim sizce? Yüreğimin ta derinlerinden, keşke onun gibi olabilsem diyorum.

FİLOZOF: Bu noktada, bunun kesinlikle mümkün olmadığını söylemem gerek.

GENÇ: İşte! Şimdi gerçek renginizi belli etmeye başladınız! Teorinizi geri alacak mısınız?

FİLOZOF: Hayır, almayacağım. Ne yazık ki Adler psikolojisini anlamana daha çok var. Değişimin ilk adımı bilmektir.

GENÇ: Peki Adler psikolojisini anladığımda Y gibi birisi olabilir miyim?

FİLOZOF: Neden hemen sonuca atlamak istiyorsun? Cevapları kendin bulmalısın ve başka birisinden aldıklarına güvenmemelisin. Başkalarından aldığın cevaplar ancak idareten işe yarar, bunların bir değeri yoktur. Sokrates'i ele alalım, bize ondan kalan tek bir kitap bile yok. Günlerini Atina halkıyla, özellikle de genç insanlarla halka açık tartışmalar yaparak geçiriyordu. Onun felsefesini gelecek nesiller için kaleme alan kişi müridi Platon oldu. Adler de yazıp çizmeyi pek önemsemezdi, Viyana'daki kafelerde kişisel diyaloglara girmeyi ve ufak tartışma grupları oluşturmayı tercih ederdi. Oturduğu yerden ahkâm kesen bir entelektüel değildi.

GENÇ: Demek Sokrates de, Adler de fikirlerini diyaloglarla aktarmıştı?

FİLOZOF: Evet. Bütün şüphelerin bu diyalogla ortadan kalkacak. Sonra değişmeye başlayacaksın. Benim sözlerimle değil kendi sayende değişeceksin. Cevaplara diyalogla varılan o değerli süreçten seni mahrum bırakmak istemiyorum.

GENÇ: Sokrates ve Adler'in diyalog tarzını yeniden canlandırmayı mı deneyeceğiz? Bu ufak çalışma odasında mı?

FİLOZOF: Sana uymayan bir yer mi burası?

GENÇ: Ben de bunu öğrenmeyi umuyorum! O halde sonuna kadar gidelim, bakalım nihayetinde siz mi teorinizi geri alacaksınız yoksa ben mi karşınızda diz çökeceğim...

OLDUĞUN HALİNLE "OKEY" MİSİN?

FİLOZOF: Tamam, soruna geri dönelim. Demek Y gibi neşeli ve girişken biri olmayı istiyorsun?

GENÇ: Ama az önce bunu reddettiniz ve mümkün olmadığını söylediniz. Galiba haklısınız. Bunu sadece sizi sıkıştırmak için söylemiştim – kendimi çok iyi tanıyorum. Asla onun gibi biri olamam.

FİLOZOF: Neden?

GENÇ: Nedeni gayet açık. Çünkü kişiliklerimiz çok farklı. Mizacımız farklı da diyebiliriz.

FİLOZOF: Hımm.

GENÇ: Örneğin etrafınız bütün bu kitaplarla çevrili. Yeni bir kitap okuyorsunuz ve yeni bilgiler ediniyorsunuz. Aslında sürekli bilgi biriktiriyorsunuz. Ne kadar çok okursanız, bilgileriniz de aynı oranda artıyor. Değerli yeni kavramlar buluyorsunuz ve kendinizce bunların sizi değiştirdiğini düşünüyorsunuz. Bakın, bunu size söylemek hiç hoşuma gitmiyor ama ne kadar bilgi edinirseniz edinin, temel olarak mizacınız ya da kişiliğiniz değişmeyecek. Temeliniz sarsıldığında, öğrendiğiniz her şey nafile olacak. Evet, edindiğiniz bütün bilgi çökecek, sonra bir de bacaksınız ki başladığınız yere geri dönmüşsünüz! Aynı şey Adler'in fikirleri için de geçerli. Onun hakkında ne kadar çok bilgi edinmeye çalışırsam çalışayım, bunların kişiliğim üstünde bir etkisi olmayacak. Bilgi sonuçta bilgi yığını olarak kalacak, sonra er geç bir kenara atılacak.

FİLOZOF: O halde sana şunu sormak istiyorum. Neden Y gibi olmak istiyorsun? Galiba senin derdin sadece başka biri olmak; Y ya da bir başkası, fark etmez. Ama buradaki hedefin nedir?

GENÇ: Yine mi hedeflerden söz ediyorsunuz? Daha önce de dediğim gibi, ona hayranım ve onun gibi olsam daha mutlu olurdum diye düşünüyorum.

FİLOZOF: Onun gibi olsan daha mutlu olacağını düşünüyorsun. Bu da şu anda mutlu olmadığın anlamına geliyor değil mi?

GENÇ: Ne?

FİLOZOF: Şu anda mutlu hissedemiyorsun. Bunun sebebi kendini sevmeyi öğrenememiş olman. Kendini sevebilmek için de farklı birisi olarak dünyaya yeniden gelmek istiyorsun. Y gibi olmayı ve şu anda olduğun kişiyi bir kenara atmayı umuyorsun. Doğru mu?

GENÇ: Evet, doğru galiba! Kabul, kendimden nefret ediyorum! Bu demode felsefi söylemle oyalanan ve bu tür bir şey yapmaktan kendini alıkoyamayan bu "ben"den nefret ediyorum. Evet, kendimden gerçekten de nefret ediyorum.

FİLOZOF: Dert etme. Kendini sevdiğini söyleyen kişilere sorsan, emin ol onlar arasında da gururla "Evet, kendimi seviyorum" diyecek çok az kişi vardır.

GENÇ: Ya siz? Siz kendinizi seviyor musunuz?

FİLOZOF: En azından başka biri olmak istemiyorum ve kendimi olduğum gibi kabul ediyorum.

GENÇ: Kendinizi olduğunuz gibi kabul ediyorsunuz yani?

FİLOZOF: Bak, Y olmayı ne kadar istersen iste, onun gibi biri olarak yeniden doğamazsın. Sen Y değilsin. Senin sen olman "okey" bir şey. Ama "Olduğun gibi kalmakta sorun yok" değil demek istediğim. Kendini gerçek anlamda mutlu hissedemiyorsan, belli ki işler şu anki haliyle yolunda değil. İleri doğru adım atmalı ve yoluna durmadan devam etmelisin.

GENÇ: Biraz sert ifade ettiniz ama demek istediğinizi anladım. Bu halimle her şeyin yolunda olmadığı açık. İlerleme kaydetmem gerek.

FİLOZOF: Yine Adler'in sözleriyle ifade edersek: "Önemli olan, kişinin neyle doğduğu değil o malzemeyi nasıl kullandığıdır." Y ya da başka biri olmak istiyorsun çünkü doğuştan gelen şeylere odaklanıyorsun. Bunun yerine elindeki malzemeyle neler yapabileceğine odaklanman gerek.

MUTSUZLUK KİŞİNİN KENDİ SEÇTİĞİ BİR ŞEYDİR

GENÇ: Olamaz. Hiç mantıklı değil.

FİLOZOF: Neden mantıklı değil?

GENÇ: Neden mi? Bazı insanlar iyi ebeveynlerin olduğu varlıklı bir ailede dünyaya gelir, bazıları da kötü ebeveynlerin olduğu yoksul bir hayata doğar. Çünkü dünya böyledir. Aslında bu konuya girmeyi hiç istemiyorum ama dünyada hiçbir şey eşit değil. Irklar, milletler ve etnik kökenler arasında her zaman olduğu gibi derin farklar var. İnsanın doğuştan gelen şeylere odaklanması gayet doğal. Dedikleriniz akademik teoriden ibaret – gerçek dünyayı göz ardı ediyorsunuz.

FİLOZOF: Gerçekleri gözardı eden sensin. Doğuştan gelen şeylere takılıp kalmak gerçekliği değiştirecek mi? İnsanlar ikame edilebilir makineler değildir. İhtiyacımız olan şey ikame değil yenilenme.

GENÇ: Bana göre, ikame ve yenilenme aynı şey. Esas konudan kaçıyorsunuz. Bakın, doğuştan mutsuz olmak diye bir şey var. Lütfen, öncelikle bunu kabul edin.

FİLOZOF: Bunu kabul etmeyeceğim.

GENÇ: Neden?

FİLOZOF: Bir kere, şu anda gerçek anlamda mutlu olamıyorsun. Yaşamak sana zor geliyor, hatta başka biri olarak yeniden doğabilmeyi istiyorsun. Ama şu anda mutsuz olmanın nedeni senin "mutsuz olmayı" seçmiş olman. Talihsiz koşullarda dünyaya gelmiş olman değil.

GENÇ: Mutsuz olmayı ben mi seçtim? Bunu nasıl kabul edebilirim?

FİLOZOF: Bunda sıradışı hiçbir şey yok. Antik Yunan'dan beri tekrar edilen bir fikir bu. "Kimse bilerek kötülük yapmaz" sözünü duymuş muydun? Genellikle Sokrates paradoksu olarak bilinen bir önermedir.

GENÇ: Bilerek kötülük yapanların sayısı da az değil ama. Öyle değil mi? Hırsızların ve katillerin sürüsüne bereket. Şaibeli işler yapan onca siyasetçiyi ve idareciyi de unutmamak gerek. Bilerek kötülük yapmayan, gerçek anlamda iyi ve düzgün bir insan bulmak çok daha zor.

FİLOZOF: Hiç şüphesiz, kötü olan davranışlar az değil. Ama kimse hatta en azılı suçlu bile sırf kötülük yapmak istediği için suça bulaşmaz. Her suçlunun suça bulaşmakla ilgili kendince bir gerekçelendirmesi vardır. Örneğin parayla ilgili bir anlaşmazlık bir kişinin cinayete bulaşmasına neden olabilir. Failin nezdinde haklı gerekçesi olan bir eylemdir bu ve bir "iyi"nin gerçekleştirilmesi olarak da görülebilir. Elbette ahlaki anlamda "iyi" değildir; demek istediğim, "kişinin faydasına olan" anlamında "iyi".

GENÇ: Kişinin faydasına olan mı?

FİLOZOF: Yunanca "iyi" kelimesinin (*agathon*) ahlaki bir anlamı yoktur. Sadece "faydalı" demektir. Buna karşılık "kötü" kelimesi (*kakon*) "faydalı olmayan" anlamına gelir. Dünya haksızlıklarla ve suç eylemleriyle dolu ama gerçekten "kötü"yü yani "faydalı olmayan"ı isteyen tek bir kişi yoktur.

GENÇ: Bunun benimle ne ilgisi var?

FİLOZOF: Hayatının bir noktasında "mutsuz olmayı" seçmişsin. Mutsuz şartlarda dünyaya gelmiş ya da sonradan kendini mutsuz bir durumda bulmuş değilsin. "Mutsuz olma"nın kendin için iyi olduğuna karar vermişsin.

GENÇ: Neden? Niçin böyle bir şey yapayım ki?

FİLOZOF: Bunu nasıl gerekçelendiriyorsun? Neden mutsuz olmayı seçtin? Bunun cevabını ya da ayrıntılarını tam olarak bilmem mümkün değil. Belki de tartışmamız sürdükçe bu da açıklığa kavuşur.

GENÇ: Beni gerçekten de aptal durumuna düşürmeye çalışıyorsunuz. Bunun felsefe yapmak olduğunu mu sanıyorsunuz? Söylediklerinizin hiçbirini kabul etmiyorum.

***

Genç adam elinde olmadan ayağa kalkıp öfkeyle filozofa baktı. *Mutsuz bir yaşamı ben mi seçtim? Bunun kendim için iyi olduğunu mu düşündüm? Ne kadar da saçma bir fikir! Neden beni böyle aşağılamaya çalışıyor? Ne hata ettim ki? Her ne pahasına olursa olsun argümanını çürüteceğim. Ona diz çöktüreceğim.* Genç adamın yüzü heyecandan kızardı.

İNSANLAR DEĞİŞMEMEYİ TERCİH EDER DAİMA

FİLOZOF: Otur. Bu durumda görüşlerimizin ters düşmesi çok doğal. Adler psikolojisindeki insan anlayışına dair basit bir örnek vereyim.

GENÇ: Tamam, ama lütfen kısa olsun.

FİLOZOF: Daha önce demiştin ki "İnsanın mizacı ya da kişiliği değiştirilemez". Adler psikolojisinde kişiliği ve mizacı "yaşam tarzı" ifadesiyle tanımlarız.

GENÇ: Yaşam tarzı mı?

FİLOZOF: Evet. Yaşam tarzı hayattaki düşünce ve eylem eğilimleridir.

GENÇ: Düşünce ve eylem eğilimleri mi?

FİLOZOF: Kişinin dünyayı nasıl gördüğü. Ayrıca kendisini nasıl gördüğü. Anlam bulmaya yönelik bu yolları bir araya getiren bir kavram olarak düşün "yaşam tarzı"nı. Dar anlamda yaşam tarzı bir insanın kişiliği olarak tanımlanabilir; daha geniş anlamda ise, o kişinin dünya görüşünü ve hayata bakışını kapsayan bir kavramdır.

GENÇ: Dünya görüşünü mü?

FİLOZOF: Diyelim ki kendisi için endişelenen biri var. "Ben kötümserim" diyor. Bu ifade aslında şu anlama geliyor: "Dünyaya karşı kötümser bir bakış açım var." Yani burada mesele kişilik değil dünya görüşü. "Kişilik" kelimesinde bir tür değişmezlik nüansı var. Ama bunun yerine "dünya görüşü" kavramını kullandığımızda, ortada değişmesi mümkün bir şey var demektir.

GENÇ: Hımm. Biraz kafa karıştırıcı. Yaşam tarzı derken "yaşama biçimi" mi demek istiyorsunuz?

FİLOZOF: Evet, öyle de diyebilirsin. Biraz daha netleştirecek olursak, "bir insanın hayatının nasıl olması gerektiği". Mizaç ya da kişiliğin iradeyle hiçbir bağlantısı olmayan doğuştan bahşedilmiş bir şey olduğunu düşünüyorsun muhtemelen. Ama Adler psikolojisinde yaşam tarzı kendin seçtiğin bir şey olarak düşünülür.

GENÇ: Kendin seçtiğin bir şey mi?

FİLOZOF: Evet, aynen öyle. Yaşam tarzını kendin seçersin.

GENÇ: O halde ben mutsuz olmayı seçmekle kalmadım, bu çarpık kişiliği seçecek kadar da ileri mi gittim?

FİLOZOF: Kesinlikle.

GENÇ: Yok artık! İyice abarttınız. Kendimin farkına vardığımda çoktandır böyle bir kişiliğim vardı. Böyle bir kişilik seçtiğimi katiyen hatırlamıyorum. Ama aynı durum sizin için geçerli değil mi? İnsanın isteyerek kendi kişiliğini seçebilmesi... İnsanlardan değil de robotlardan söz ediyorsunuz sanki.

FİLOZOF: Tabii ki "bu benliği" bilinçli olarak seçmedin. İlk tercihin büyük ihtimalle bilinçdışı gerçekleşti ve sözünü ettiğin dış etkenlerle birleşmişti: ırk, millet, kültür ve ev ortamı. Bunların mutlaka o seçiminde önemli bir etkisi olmuştur. Buna rağmen "bu benliği" seçmiş kişi sensin.

GENÇ: Ne demek istediğinizi anlamadım. Bunu nasıl seçmiş olabilirim ki?

FİLOZOF: Adler psikolojisine göre, bu seçim on yaş civarında gerçekleşir.

GENÇ: Peki, biraz spekülasyona girmiş olacağım ama tartışmayı sürdürmek için söyleyeyim. Diyelim ki on yaşındayken bilinçdışı olarak bu yaşam tarzını ya da her neyse onu seçtim. Bunun bir önemi var mı ki? Buna kişilik, mizaç veya yaşam tarzı dememizin bir önemi yok, sonuçta çoktan "bu benlik" haline geldim. Durum hiç değişmiyor.

FİLOZOF: Doğru değil. Yaşam tarzın doğuştan gelen bir şey değil de senin seçtiğin bir şeyse, demek ki bunu tekrar seçmek mümkündür.

GENÇ: Şimdi de bunu baştan sona yeniden seçebileceğimi mi söylüyorsunuz?

FİLOZOF: Belki de şu âna dek yaşam tarzının ve yaşam tarzı kavramının farkına varmamışsındır. Elbette kimse dünyaya geldiği koşulları kendisi seçemez. Bu ülkede, bu çağda ve bu ebeveynlerle dünyaya gelmiş olmak senin seçtiğin şeyler değil. Tüm bunların çok büyük bir etkisi var. Bu yüzden muhtemelen hüsrana uğrayıp başka insanlar gibi olmaya imreneceksin, "Keşke onların koşullarında doğsaydım" diye hissedeceksin. Ama bu işi burada bırakmamak gerek. Mesele geçmişte değil burada ve şimdide. Artık yaşam tarzı diye bir şey olduğunu öğrendin. Ama buradan itibaren onunla ne yapacağın senin sorumluluğun. Bugüne kadarki yaşam tarzında kalmayı seçmek de, yepyeni bir yaşam tarzını seçmek de tamamen sana kalmış.

GENÇ: Peki yeniden seçmeye nasıl başlayacağım? Bana diyorsunuz ki: "O yaşam tarzını kendin seçtin, haydi hemen yeni bir yaşam tarzı seç!" İyi de bunu hemen değiştirmem imkânsız!

FİLOZOF: Hayır, *değiştirebilirsin*. İnsan hangi ortamda olursa olsun her an değişebilir. Değişememenin tek nedeni değişmemeye karar vermen.

GENÇ: Tam olarak ne demek istiyorsunuz?

FİLOZOF: İnsanlar kendi yaşam tarzlarını sürekli seçer. Şu anda biz bu konuşmayı yaparken kendi yaşam tarzımızı seçiyoruz. Sen kendini mutsuz bir insan olarak tanımlıyorsun. Hemen şu dakika değişmek istediğini söylüyorsun. Hatta farklı bir kişi olarak yeniden dünyaya gelmek istediğini iddia ediyorsun. Madem öyle, neden hâlâ değişemiyorsun? Çünkü ısrarla yaşam tarzını değiştirmeme kararı alıyorsun.

GENÇ: Hayır, bunun hepten mantıksız olduğunu görmüyor musunuz? Değişmeyi istiyorum, gönülden istiyorum hem de. O halde nasıl değişmeme kararı alabiliyor olabilirim?

FİLOZOF: Bazı ufak tefek güçlükleri ve kısıtlamaları olsa da, muhtemelen şu andaki yaşam tarzın kendince en pratik olanı. Dolayısıyla her şeyi olduğu gibi bırakmak kolayına geliyor. Böyle kaldığında, halihazırdaki tecrüben sayesinde olaylara hemen karşılık verebiliyorsun, kendi eylemlerinin sonuçlarını öngörebiliyorsun. Bildiğin, alıştığın arabayı kullanmak gibi. Azıcık külüstür olabilir ama sen bunu idare etmeyi bildiğinden rahat sürüyorsun arabayı.

Öte yandan kişi yeni bir yaşam tarzı seçtiğinde, kimse o yeni benliğe neler olabileceğini kestiremez ya da karşısına çıkan olaylarla nasıl başa çıkacağını bilemez. Geleceği görmek zorlaşır ve hayat endişeyle dolar. İleride hayat daha acı ve mutsuz olabilir. Basitçe söylemek gerekirse, insanlar etraflarındaki şeyler hakkında yakınıp durur ama olduğun gibi kalmak daha kolay ve güvenlidir.

GENÇ: Yani insan değişmek ister ama değişmek korkutucudur, öyle mi?

FİLOZOF: Yaşam tarzımızı değiştirmeye çalıştığımızda, cesaretimizi sınarız. Değişim kaygı yaratır, değişmemekse hüsran. İkincisini seçtiğinden eminim.

GENÇ: Bir dakika... Az önce "cesaret" kelimesini kullandınız.

FİLOZOF: Evet. Adler psikolojisi cesaret psikolojisidir. Mutsuzluğunu geçmişine ya da çevrene yıkamazsın. Aslında beceriksiz değilsin. Sadece yeterli cesaretin yok. Mutlu olma cesaretin eksik de denebilir.

HAYATIMIZA BURADA VE ŞU ANDA KARAR VERİRİZ

GENÇ: Mutlu olma cesareti, öyle mi?

FİLOZOF: Daha fazla açıklamam gerekiyor mu?

GENÇ: Hayır, bir dakika. İyice kafa karıştırıcı olmaya başladı. Önce dünyanın basit bir yer olduğunu söylediniz. Dünyanın sırf benim yüzümden karmaşık göründüğünü ve öznel görüşümün onu böyle yaptığını anlattınız. Ayrıca hayatın sırf ben onu karmaşıklaştırdığım için karmaşık göründüğünü, tüm bunların mutlu yaşamamı zorlaştırdığını söylediniz. Sonra da dediniz ki Freud etiyolojisine karşı teleoloji yaklaşımını benimsemek gerek – yani kendi geçmişimizde nedenler aramamak gerek ve travmayı inkâr etmek gerek. Son olarak da, insanlar geçmişlerindeki nedenlerin güdümündeki varlıklar değil, belli bir hedefi ulaşmaya çalışan varlıklardır. Bunları söylediniz değil mi?

FİLOZOF: Evet.

GENÇ: Dahası teleolojinin en temel önermesi olarak diyorsunuz ki insanların değişebilir ve her zaman kendi yaşam tarzlarını seçer.

FİLOZOF: Doğru.

GENÇ: O halde sürekli değişmeme kararını verdiğim için değişemiyorum. Yeni bir yaşam tarzı seçme cesaretine sahip değilim. Başka bir deyişle mutlu olma cesaretim yok ve tam da bu yüzden mutsuzum. Yanlış anladığım bir şey var mı?

FİLOZOF: Hayır, yok.

GENÇ: Tamam, o zaman sorum şu: Nasıl önlemler almam gerekiyor? Hayatımda neyi değiştirmem gerekiyor? Bunları henüz açıklamadınız.

FİLOZOF: Haklısın. Şu anda yapman gereken, mevcut yaşam tarzından vazgeçmeye dair bir karar almak. Örneğin daha önce "Y gibi birisi olabilseydim, mutlu olurdum" demiştin. Böyle yaşadığın müddetçe, "Keşke şöyle olsaydı" gibi bir olasılıklar âleminde yaşadığın sürece asla değişemezsin. Çünkü "Keşke Y gibi olsaydım" demek değişmemek için kendine mazeret uydurmaktır.

GENÇ: Değişmemek için mazeret uydurmak mı?

FİLOZOF: Evet. Yazar olmayı hayal eden genç bir arkadaşım var ama bir türlü eserini bitiremiyor. Ona göre işi onu fazlasıyla meşgul ediyor ve bu yüzden roman yazmaya bir türlü vakit bulamıyor. Bu yüzden de eserini tamamlayıp edebiyat yarışmalarına katılamıyor. Ama gerçek nedeni bu mu acaba? Hayır! Esasında bu işi yapmaya kendini adamayarak "İmkân olsaydı yapabilirdim" ihtimalini açık bırakmak istiyor. Eserlerini eleştiriye açmak istemiyor. Vasat bir eser yazıp da reddedilme ihtimaliyle yüzleşmek istemiyor. Yazarlık yeteneği olduğuna inanıyor ve vakti olsaydı ya da uygun koşullarda yaşasaydı mutlaka yazabileceğini düşünüyor, böylece olasılıklar âleminde yaşıyor. Beş on sene sonra da "Artık genç değilim" ya da "Artık düşünmem gereken bir ailem var" gibi mazeretlere başvuracak muhtemelen.

GENÇ: Arkadaşınızın neler hissettiğini çok iyi anlıyorum.

FİLOZOF: Aslında yapması gereken, edebiyat yarışmasına katılmak ve reddedilirse de bunu yaşamak. Reddedilse bile hiç olmazsa belki kendini geliştirmeye karar verir ya da farklı bir şeyle uğraşması gerektiğini keşfeder. Her halükârda bu sayede yoluna devam edebilir. İşte, mevcut yaşam tarzını değiştirmek bu anlama geliyor. Arkadaşım yazdıklarını hiçbir yere göndermediği sürece ilerleme kaydedemeyecek.

GENÇ: Ama belki de hayalleri yıkılır.

FİLOZOF: Bundan emin değilim. Yapılması gereken basit işlerin olması ama insanın sürekli olarak bunları neden yapamayacağına dair çeşitli mazeretler uydurması da zor bir yaşam değil mi? O yüzden yazar olmayı hayal eden arkadaşımın durumunda hayatı karmaşıklaştıran ve mutlu yaşamasını zorlaştıran şey açıkça "ben" ya da "benlik"tir.

GENÇ: Ama bu bayağı sert oldu. Felsefeniz çok katı!

FİLOZOF: Evet, gerçekten de acı bir ilaç.

GENÇ: Acı ilaç! Evet, buna katılıyorum.

FİLOZOF: Ama yaşam tarzını, dünyaya ve kendine anlam verme yolunu değiştirebilirsen, hem dünyayla etkileşim kurma tarzın hem de davranışların değişmeye başlar. Unutmayalım ki bir noktada insanın değişmesi gerekecektir. Senin şu anki halinle yaşam tarzını seçmen gerekiyor. Zor görünebilir ama aslında çok basit.

GENÇ: Size göre travma diye bir şey yok ve çevrenin de önemi yok. Bunların hepsi atılabilecek yükten ibaret ve mutsuzluğum benim suçum, öyle değil mi? Bugüne dek olduğum ve yaptığım her şey için eleştiriliyormuşum gibi hissetmeye başladım!

FİLOZOF: Hayır, eleştirilmiyorsun. Adler'in teleolojisi bize şöyle der: "Hayatınızda şu noktaya kadar her ne olmuş olursa olsun, bunların şu andan itibaren nasıl yaşayacağınızı yönlendirmemesi gerekir." Burada ve şu anda yaşayan sen olarak kendi hayatını belirlersin.

GENÇ: Hayatım tam olarak bu noktada mı belirleniyor?

FİLOZOF: Evet çünkü geçmiş yok.

GENÇ: Peki. Teorilerinize yüzde yüz katılmıyorum. İkna olmadığım ve aksini düşündüğüm birçok konu var. Öte yandan teorileriniz daha fazla düşünülmeye değer ve Adler psikolojisiyle ilgili daha çok bilgi edinmekle kesinlikle ilgileniyorum. Bence bu gecelik bana bu kadarı yeter ama umarım bir sonraki hafta tekrar gelmemin bir sakıncası yoktur. Ara vermediğim takdirde başım patlayacakmış gibi hissediyorum.

FİLOZOF: Biraz yalnız kalıp bunları etraflıca düşünmek için zamana ihtiyacın olduğuna eminim. Ben her zaman buradayım, ne vakit istersen gelebilirsin. Benim için keyifliydi. Teşekkür ederim. Yine sohbet edelim.

GENÇ: Harika! Müsaade ederseniz, son bir şey daha söylemek isterim. Bugünkü tartışmamız uzun ve oldukça yoğundu. Biraz kaba sözler sarf etmiş olabilirim. Bu konuda özür dilerim.

FİLOZOF: Dert etme. Platon'un diyaloglarını okumalısın. Sokrates'in müritlerinin davranışları ve dili şaşırtıcı derecede kabadır. Diyalog denen şeyin böyle olması gerekir.

İKİNCİ GECE

Bütün Sorunlar Kişilerarası İlişki Sorunlarıdır

Genç adam sözüne sadık kaldı. Tam bir hafta sonra filozofun çalışma odasına tekrar geldi. İşin aslı, ilk ziyaretinden sadece iki üç gün sonra oraya bir an önce dönmek istemiş ve kendini zor tutmuştu. Konuşulanları büyük bir dikkatle düşündüğünde şüpheleri kesinleşmişti. Kısacası, teleoloji yani belirli bir olgunun nedeninden çok amacına atıfta bulunmak bir safsataydı, travmanın var olduğuna da hiç şüphe yoktu. *İnsanlar geçmişi öylece unutamaz ve ondan öylece kurtulamaz.*

Genç adam bugün şu ayrıksı filozofun teorilerini tamamıyla çürütecek ve bu meseleyi kesin olarak kapayacaktı.

KENDİNİ SEVMEMENİN NEDENİ

GENÇ: Geçen geceden sonra kendim gelip odaklanarak her şeyi etraflıca düşündüm. Ama teorilerinizi yine de kabul edemediğimi söylemem gerek.

FİLOZOF: Öyle mi? Hangi açılardan aklına yatmıyor?

GENÇ: Örneğin geçen gün kendimi sevmediğimi itiraf etmiştim. Ne yaparsam yapayım, eksikliklerimden başka bir şey göremiyorum ve kendimi neden sevmeye başlamam gerektiğine dair bir cevap bulamıyorum. Ama tabii kendimi sevmeyi hâlâ istiyorum. Siz her şeyi kişinin bir hedefi olmasıyla açıklıyorsunuz ama burada benim ne tür bir hedefim olabilir? Yani kendimi sevmememin ne gibi bir avantajı olabilir? Bundan sağlayabileceğim tek bir kazanç bile düşünemiyorum.

FİLOZOF: Anlıyorum. Güçlü yanların olmadığını, sadece eksikliklerin olduğunu düşünüyorsun. Gerçek ne olursa olsun, öyle hissediyorsun. Başka bir deyişle özgüvenin oldukça düşük. Dolayısıyla burada esas soru şu: Neden bu kadar berbat hissediyorsun? Kendini neden bu kadar düşük bir özgüvenle görüyorsun?

GENÇ: Çünkü gerçek bu – hiçbir güçlü yanım yok.

FİLOZOF: Yanılıyorsun. Sadece eksikliklerini görüyorsun çünkü kendini sevmemeye karar vermişsin. Kendini sevmemek için de güçlü yönlerini görmeyip sadece eksikliklerine odaklanıyorsun. Öncelikle bunu anlaman gerek.

GENÇ: Yani ben kendimi sevmemeye mi karar vermişim?

FİLOZOF: Evet. Kendini sevmemenin erdem olduğunu düşünüyorsun.

GENÇ: Neden? Neden böyle bir şey yapayım ki?

FİLOZOF: Belki de bu kendin kafa yorman gereken bir şeydir. Sence ne tür eksikliklerin var?

GENÇ: Bunları fark ettiğinizden eminim. Bir kere, kişiliğimle ilgili sorunlar var. Özgüven sahibi değilim ve her zaman her konuda kötümser oldum. Sanırım fazla sıkılganım çünkü başkalarının beni nasıl gördüğünü dert ediyorum ve sürekli insanlara karşı güvensizlik halinde yaşıyorum. Asla doğal davranamıyorum, söylediğim ve yaptığım şeylerde hep bir yapmacıklık var. Mesele sadece kişiliğim de değil – tipimin ya da vücudumun da sevilecek bir yanı yok.

FİLOZOF: Eksikliklerini bu şekilde sıraladığında, nasıl bir ruh haline giriyorsun?

GENÇ: Ne biçim bir soru bu böyle! Doğal olarak tatsız bir ruh hali. Kimsenin benim gibi tuhaf biriyle ilişki kurmak istemeyeceğine eminim. Çevremde bu denli berbat ve can sıkıcı birisi olsa, ben de uzak dururdum.

FİLOZOF: Anlıyorum. Peki, mesele halloldu o zaman.

GENÇ: Ne demek istiyorsunuz?

FİLOZOF: Senin üzerinden anlamak zor olduğu için konuyu başka bir örnek üzerinden ele alalım. Bu çalışma odasını basit danışmanlık seansları için kullanıyorum. Yıllar önce bir kız öğrenci gelirdi buraya. Şu anda senin oturduğun yerde, aynı sandalyede otururdu. Onun sıkıntısı da yüzünün kızarmasından korkmasıydı. Ne zaman insan içine çıksa yüzü kızarıyormuş ve bu durumdan kurtulmak için her şeyi göze alabilirmiş. Ben de ona sordum: "Peki, bu durumdan kurtulabilseydin, ne yapmak isterdin?" Hoşlandığı bir erkek olduğunu söyledi. Ona gizli duygular besliyordu ama henüz açılmaya hazır değildi. Kızarma korkusundan kurtulduğunda, ona onunla sevgili olmak istediğini itiraf edecekti.

GENÇ: Hah! Evet, tam da bir kız öğrencinin danışmanlık isteyeceği türden bir konu. Hoşlandığı erkeğe olan hislerini açmak için, önce kızarmayla ilgili korkusundan kurtulmalıydı.

FİLOZOF: Ama bütün mesele bu mu gerçekten? Bence değil. Genç kız neden yüzünün kızarmasından korkuyordu? Bu durumdan neden kurtulamıyordu? Çünkü kızarma semptomuna ihtiyacı vardı.

GENÇ: Ne demek istiyorsunuz? Sizden bu durumu gidermenizi istemiyor muydu?

FİLOZOF: Sence bu kız için en korkutucu olan, en çok kaçınmak istediği şey neydi? Adamın onu reddetme ihtimali tabii. Aşkına karşılık alamazsa dünyası başına yıkılacaktı; "ben"in varlığı ve imkânı olumsuzlanacaktı. Gençlerin yaşadığı karşılıksız aşklarda böyle şeyler derinden hissedilir. Ama genç kız kızarmaktan korktuğu müddetçe "Onunla birlikte olamıyorum çünkü yüzümün kızarmasından korkuyorum" diye düşünmeye devam edebilir. Sonunda hiçbir zaman o çocuğa açılma cesaretini bulamayabilir, böylece zaten reddedileceğine inandırabilir kendini. Nihayetinde

"Şu kızarma korkumu halledebilseydim, şunu yapabilirdim, bunu yapabilirdim..." gibisinden ihtimaller âleminde yaşaması mümkün hale gelir böylelikle.

GENÇ: Tamam, demek bu kız hislerini açamama mazereti olarak kızarma korkusunu uydurmuş. Ya da belki de adamın onu reddetme ihtimaline karşı bir tür korunma alanı olarak oluşturmuş bunu.

FİLOZOF: Evet, öyle de diyebilirsin.

GENÇ: İşte, bu ilginç bir yorum. Ama dediğiniz gibi olsaydı, ona yardım etmek imkânsız olmaz mıydı? Kız sürekli kızarma korkusuna hem ihtiyaç duyduğundan hem de bundan mustarip olduğundan, bu sorunu çözmek mümkün olmazdı.

FİLOZOF: Ona şöyle dedim: "Kızarma korkunu gidermek kolay." "Sahi mi?" dedi. "Ama bu korkunu tedavi etmeyeceğim" dedim. "Neden?" diye sordu. "Bak, kızarma korkun sayesinde kendinle ve etrafındaki dünyayla ilgili memnuniyetsizliğini ve iyiye gitmeyen bir hayatı kabullenebiliyorsun. Bunu hem korkun sayesine başarıyorsun, hem de hayatının iyiye gitmemesinin nedeni bu." "Nasıl olabilir?" dedi. Devam ettim: "Bu korkunu tedavi edecek olsaydım ve durumunla ilgili hiçbir değişiklik olmasaydı ne yapardın? Muhtemelen yine buraya gelir, 'Kızarma korkumu geri verin bana' derdin. Bu da beni aşan bir şey olurdu."

GENÇ: Hımm.

FİLOZOF: Bu kızın hikâyesi kesinlikle sıradışı değil. Sınava hazırlanan öğrenciler "Sınavı geçtiğimde hayat muhteşem olacak" diye düşünür. Şirket çalışanları "Terfi ettiğimde her şey yoluna girecek" diye düşünür. Ama bu istekler gerçekleştiğinde, çoğu zaman durumlarında bir değişiklik olmaz.

GENÇ: Doğru.

FİLOZOF: Bir danışan, kızarma korkusuna tedavi bulma talebiyle geldiğinde, danışmanın semptomları tedavi etmemesi gerekir. Bunu yaparsa, o kişinin iyileşmesi daha da zorlaşır. Adler psikolojisinin bu türden şeyler karşısındaki düşünme biçimi böyledir.

GENÇ: Peki, tam olarak ne yaparsınız? Hangi konuda endişeli olduklarını sorup meseleyi öylece bırakır mısınız?

FİLOZOF: Bu kız kendine güvenmiyordu. Bu halinin farkındaydı, dolayısıyla hislerini açsa bile çocuk onu reddedecekti. Çocuk onu reddettiğinde, özgüveni daha da düşecek ve daha da incinecekti. Zaten bu yüzden yüzünün kızarmasıyla ilgili bir semptom yaratmıştı. Benim yapabileceğim şeyse kişinin öncelikle "şimdiki ben"ini kabullenmesini sağlamak, sonra da sonuç ne olursa olsun ileriye adım atma cesaretini göstermesini sağlamak. Adler psikolojisinde bu yaklaşıma "cesaretlendirme" denir.

GENÇ: Cesaretlendirme mi?

FİLOZOF: Evet. Tartışmamız biraz daha ilerleyince, bunun ne demek olduğunu sistematik olarak açıklayacağım. Henüz o aşamaya gelmedik.

GENÇ: Olur. Bu arada "cesaretlendirme" kelimesini aklımda tutacağım. Peki, o kıza ne oldu?

FİLOZOF: Bir arkadaş grubuna katılıp o çocukla vakit geçirme fırsatı buldu ve sonuç olarak çocuk hislerini açıp onunla sevgili olmak istediğini söyledi. Tabii ki kız bir daha buraya gelmedi. Kızarma korkusuna ne olduğunu bilmiyorum. Ama büyük ihtimalle buna ihtiyacı kalmamıştır.

GENÇ: Evet, artık buna ihtiyacı kalmamıştır kesin.

FİLOZOF: Doğru. Şimdi, bu öğrencinin hikâyesini akılda tutarak senin sorunlarını düşünelim. Şu anda sadece eksikliklerini fark ettiğini ve asla kendini sevecek hale gelemeyeceğini söyledin. Sonra "Kimsenin benim gibi tuhaf birisiyle bir ilişki yaşamak istemediğinden eminim" dedin, öyle değil mi? Şimdiye kadar anlamışsındır eminim. Neden kendini sevmiyorsun? Neden sadece eksikliklerine odaklanıyorsun ve neden kendini sevmemeye karar verdin? Çünkü başkaları tarafından sevilmemekten ve kişilerarası ilişkilerde incinmekten çok korkuyorsun.

GENÇ: Ne demek istiyorsunuz?

FİLOZOF: Kızarmaktan ve sevdiği çocuk tarafından reddedilmekten korkan genç kız gibi, sen de başkaları tarafından reddedilmekten korkuyorsun. Başkaları tarafından aşağılanmaktan, geri çevrilmekten ve derin ruhsal yaralar taşımaktan korkuyorsun. Böyle senaryolara bulaşmak yerine, kimseyle bir ilişkinin olmamasının daha iyi olacağını düşünüyorsun. Başka bir deyişle hedefin başkalarıyla olan ilişiklerinde incinmemek.

GENÇ: Hah...

FİLOZOF: Şimdi, bu hedef nasıl gerçekleştirilebilir? Cevap basit. Yapman gereken tek şey eksikliklerini bulmak, kendini sevmemek ve insanlarla ilişki kurmayan birisi olmak. Bu şekilde kendini kabuğuna hapsettiğinde, kimseyle etkileşim kurmana gerek kalmaz ve hatta insanlar seni her terslendiğinde elinde hazır bir gerekçe olur: "Eksikliklerim yüzünden tersleniyorum, durum böyle olmasaydı ben de sevilebilirdim."

GENÇ: Ha-ha! Bana gerçekten de haddimi bildirdiniz.

FİLOZOF: Kaytarmaya çalışma. Bütün bu eksikliklerle birlikte "Ben böyleyim" deyip aynı kalmak senin için değerli bir erdem. Başka bir deyişle senin için faydalı bir şey.

GENÇ: Ah, acıtmaya başladı. Amma sadistmişsiniz! Hatta şeytani! Tamam, peki, doğru diyorsunuz: Korkuyorum. İnsanlarla ilişki kurup incinmek istemiyorum. Terslenmekten korkuyorum. Kabullenmek zor ama haklısınız.

FİLOZOF: Kabullenmek iyi bir tavırdır. Ama unutma ki başkalarıyla olan ilişkilerde incinmemek imkânsızdır. Kişilerarası ilişkiler kurduğunda, öyle ya da böyle incinirsin ve sen de başkalarını incitirsin. Adler şöyle der: "Kişinin sorunlarından kurtulmak için yapabileceği tek şey evrende tek başına yaşamaktır." Ama böyle bir şey mümkün değildir.

BÜTÜN SORUNLAR KİŞİLERARASI İLİŞKİ SORUNLARIDIR

GENÇ: Bir dakika! Bunu hemen böyle geçiştirmeyelim. "Kişinin sorunlarından kurtulmak için yapabileceği tek şey evrende tek başına yaşamaktır" öyle mi? Ne demek istiyorsunuz? Tek başımıza yaşasaydık, inanılmaz derecede yalnız olmaz mıydık?

FİLOZOF: Hımm... Ama insana yalnız hissettiren şey tek başına olması değildir. Yalnızlık çevrende insanlar varken, toplum ve topluluk hayatı yaşarken, onlardan dışlanmış hissetmektir. Kişinin kendini yalnız hissedebilmesi için başkalarının olması gerekir. Yani kişi ancak sosyal bağlamlarda "birey" haline gelir.

GENÇ: İnsan gerçekten de yalnız olsaydı, evrende yapayalnız olsaydı, birey olmaz ve yalnız hissetmez miydi yani?

FİLOZOF: Sanırım yalnızlık kavramı bile söz konusu olmazdı. Dile ihtiyacın olmazdı, mantık ya da sağduyuya da gerek kalmazdı. Ama bu mümkün değildir. Issız bir adada yaşıyor olsaydın, okyanusun ta ötesindeki bir kişiyi düşünürdün. Gecelerini yalnız geçiriyor olsan bile, birinin nefes alıp verişini duymak için kulak kesilirsin. Orada bir yerde birisi olduğu sürece yalnızlık peşini bırakmaz.

GENÇ: Ama o zaman bunu şöyle de ifade edebiliriz: "İnsan evrende tek başına yaşayabiliyor olsa, sorunları da olmazdı." Öyle değil mi?

FİLOZOF: Teoride, evet. Adler şöyle der: "Bütün sorunlar kişilerarası ilişki sorunlardır."

GENÇ: Bunu tekrarlar mısınız?

FİLOZOF: Dilediğin kadar tekrarlayabiliriz: Bütün sorunlar kişilerarası ilişki sorunlarıdır. Adler psikolojisinin temeline bağlanan bir anlayıştır bu. Bütün kişilerarası ilişkiler dünyadan yok olsaydı, yani kişi evrende yapayalnız kalsaydı ve başka kimse olmasaydı, her türlü sorun da yok olurdu.

GENÇ: Yalan! Akademik lafebeliğinden başka bir şey değil.

FİLOZOF: Elbette ki kişilerarası ilişkiler olmadan yapamayız. Bir insanın varlığı özünde diğer insanların varlığını varsayar. Başkalarından tamamıyla ayrı bir şekilde yaşamak ilkece imkânsızdır. Dediğin gibi, "İnsan evrende tek başına yaşayabiliyor olsa..." öncülü mantıksızdır.

GENÇ: Ama ben bundan söz etmiyorum. Elbette kişilerarası ilişkiler muhtemelen büyük bir sorundur. O kadarını kabul ediyorum. Ama her şeyin kişilerarası ilişkilere indirgenmesi gerçekten de abartılı bir iddia. Peki ya kişilerarası ilişkilerden ayrı olma kaygısı ne olacak? Bir bireyin birey olarak dert ettiği sorunlar, kendine yöneltiği sorunlar ne olacak? Bütün bunları yok mu sayıyorsunuz?

FİLOZOF: Tamamen bireyin kendisine bağlı dert diye bir şey yoktur; iç sıkıntısı denen şey aslında yoktur. Ortada ne tür bir sıkıntı olursa olsun, başkalarının gölgeleri her zaman oradadır.

GENÇ: Ama siz filozofsunuz, bunu biliyor olmanız lazım; insanların kişilerarası ilişkiler gibi şeylerden çok daha önemli, çok daha büyük sorunları var. Mutluluk nedir, özgürlük nedir? Hayatın anlamı nedir? Bunlar filozofların Eski Yunanlardan beri sorguladığı konular değil mi? Size göre bunlar boş şeyler mi? "Her şey kişilerarası ilişkilerdir" de ne demek? Bana biraz banal geliyor. Bir filozof hiç böyle şeyler söyler mi? İnanmak zor.

FİLOZOF: O zaman bazı şeyleri biraz daha somut açıklamam gerekiyor.

GENÇ: Evet, lütfen! Filozof olduğunuza inanmamı bekliyorsanız, her şeyi tam manasıyla açıklamanız gerek, yoksa bunlar hiçbir anlam ifade etmiyor.

FİLOZOF: Kişilerarası ilişkilerden o kadar çok korkuyordun ki kendini sevmez oldun. Kişilerarası ilişkilerden kendini sevmeyerek kaçındın.

***

Bu iddialar genç adamı derinden sarstı. Bu sözlerin su götürmez hakikati onu canevinden vurdu. Buna rağmen "İnsanların yaşadığı bütün sorunlar kişilerarası ilişki sorunlarıdır" beyanını net olarak çürütecek bir karşı argüman bulması gerekiyordu. Adler insanların meselelerini önemsizleştiriyordu. *Benim çektiğim sorunlar hiç de öyle sıradan değil!*

AŞAĞILIK DUYGUSU ÖZNEL BİR VARSAYIMDIR

FİLOZOF: Şimdi, kişilerarası ilişkilere biraz farklı bir perspektiften bakalım. "Aşağılık duygusu" terimine aşina mısın?

GENÇ: Ne kadar aptalca bir soru. Şu âna kadarki konuşmamızdan anlayacağınız üzere, ben tam bir aşağılık duygusu timsaliyim.

FİLOZOF: Tam olarak nasıl hissediyorsun?

GENÇ: Örneğin bir gazetede benim yaşlarımda ve çok başarılı birisiyle ilgili bir haber görürsem, hep aşağılık duygularına kapılıyorum. Benimle aynı süre yaşamış olan biri o kadar başarılıysa, ben bu dünyada ne yapıyorum diye düşünüyorum? Ya da mutlu gözüken bir arkadaşımı görürsem, onunla bunu kutlayamadan içim haset ve hüsran hisleriyle doluyor. Tabii bu sivilce kaplı surat da işleri daha beter ediyor. Kaldı ki eğitimim ve mesleğim söz konusu olduğunda da çok güçlü aşağılık duygularına kapılıyorum. Bir de gelir ve sosyal statü meseleleri var. Galiba baştan aşağı aşağılık duygularının pençesindeyim.

FİLOZOF: Anlıyorum. Bu arada "aşağılık duygusu" terimini günümüzdeki anlamıyla kullanmış ilk kişinin Adler olduğu düşünülür.

GENÇ: Ha, bunu bilmiyordum.

FİLOZOF: Adler'in anadili olan Almancada bunun karşılığı *Minderwertigkeitsgefühl*'dür, yani "daha az" (*minder*) "değerli" (*Wert*) olma "hissi" (*Gefühl*) anlamına gelir. Dolayısıyla "aşağılık duygusu" kişinin kendisiyle ilgili değer yargısını ifade eden bir terimdir.

GENÇ: Değer yargısı mı?

FİLOZOF: Kişinin değersiz olduğunu veya çok az değerli olduğunu hissetmesidir.

GENÇ: Ah, bu hissi çok iyi bilirim. Aynı beni anlatıyor. Yaşamanın hiçbir anlamı yok diye kendime işkence etmediğim tek bir gün bile olmuyor.

FİLOZOF: Tamam, o halde benim aşağılık duygularıma bakalım. Benimle tanıştığında nasıl bir izlenim edindin? Fiziksel özellikler anlamında soruyorum.

GENÇ: Şey, aslında...

FİLOZOF: Çekinmene gerek yok. Açık ol.

GENÇ: Peki, düşündüğümden daha ufak tefek olduğunuzu söyleyebilirim.

FİLOZOF: Teşekkür ederim. Boyum 1.55. Adler de hemen hemen aynı boydaymış. Bir ara, hatta senin yaşlarındayken, boyumu dert ederdim. Daha ortalama bir boyda olsaydım, yirmi ya da sadece on santim bile daha uzun olsaydım, her şeyin daha farklı olacağından emindim. Önümde daha keyifli bir hayat olabilirmiş gibi hissederdim. Bu hislerimden bir arkadaşıma söz ettiğime, bana bunun "saçmalık" olduğunu söyledi ve konuyu öylece kapatıverdi.

GENÇ: Korkunç bir şey! Ne arkadaşmış ama!

FİLOZOF: Sonra dedi ki: "Peki boyun uzasaydı ne yapardın? Sen de biliyorsun, insanları rahatlatmak gibi bir becerin var." Nitekim iri yarı ve güçlü bir adam sırf cüssesiyle insanların gözünü korkutabilir. Öte yandan benim gibi ufak tefek birisinin yanında insanlar kendini tedirgin hissetmez. Dolayısıyla böyle ufak tefek bir yapıda olmanın hem kendim için hem de etrafımdaki kişiler için makbul bir şey olduğunu fark ettim. Başka bir deyişe değerler tersine döndü. Artık boyumu dert etmiyorum.

GENÇ: Tamam ama bu...

FİLOZOF: Dur bir bitireyim. Buradaki önemli nokta 1.55'lik boyumun aşağı veya değersiz bir şey olmaması.

GENÇ: Değersiz değil miydi?

FİLOZOF: Aslında bir şeye göre eksik ya da değersiz değildi. Elbette 1.55 ortalamadan daha kısa ve nesnel bir rakam. İlk bakışta bunun ortalamanın altında olduğu düşünülebilir. Ama esas mesele bu boya ne tür bir anlam yüklediğim, buna ne tür bir değer verdiğim.

GENÇ: Bu ne anlama geliyor?

FİLOZOF: Boyumla ilgili hislerimin hepsi tamamıyla kendimi başkalarıyla kıyaslamakla ortaya çıkan öznel hislerdi. Yani kişilerarası ilişkiler bağlamında oluşmuş hislerdi. Çünkü kendimi kıyaslayabileceğim kimse olmasaydı, kısa olduğumu düşünmem için hiçbir neden olmazdı. Şu anda sen de çeşitli aşağılık duygularından mustaripsin. Ama lütfen şunu anla: Senin hissettiğin şey nesnel değil öznel bir aşağılık duygusu. Boy gibi bir konuda bile mesele öznellikte düğümleniyor.

GENÇ: Yani mustarip olduğumuz aşağılık duyguları nesnel gerçeklerden ziyade öznel yorumlar mı?

FİLOZOF: Tam olarak öyle. Meseleye arkadaşımın perspektifiyle bakıp da insanların rahatlamasını sağladığımı veya onların gözlerini korkutmadığımı anladığımda, bu tür özelliklerin güçlü yönlere dönüşebildiğini gördüm. Tabii bu da öznel bir yorum. Hatta keyfi bir varsayım olduğu bile söylenebilir. Ama öznelliğin iyi bir yanı vardır: Kendi kararlarını vermene imkân tanır. Meseleyi öznelliğe bıraktığım için, boyumu bir avantaj veya dezavantaj olarak görmek bana kalıyor.

GENÇ: "Yeni bir yaşam tarzı seçebiliriz" argümanına mı bağlanıyor bu?

FİLOZOF: Evet. Nesnel gerçekleri değiştiremeyiz. Ama insan öznel yorumları dilediği kadar değiştirebilir. Bizler öznel bir dünyada yaşıyoruz. En başta da bundan söz etmiştik, öyle değil mi?

GENÇ: Evet. Kuyu suyunun on altı derece olması.

FİLOZOF: Şimdi bir de aşağılık duygusu anlamına gelen Almanca kelimeyi hatırlayalım: *Minderwertigkeitsgefühl*. Biraz önce dediğim gibi, "aşağılık duygusu" terimi kişinin kendi değer yargısıyla ilgilidir. O halde bu değer ne olabilir? Örnek olarak, yüksek bir değerde ya da meblağda alınıp satılan elmasları ele alalım. Bunlara belirli değerler biçeriz; bir karat şu kadar, fiyatlar şöyle şöyle deriz. Ama bakış açını değiştirdiğinde, elmas ufak bir taştan başka bir şey değildir.

GENÇ: Eh, teoride öyle.

FİLOZOF: Başka bir deyişle değer sosyal bir bağlama dayalıdır. Bir dolarlık bir banknota verilen değer nesnel olarak belirlenmiş bir değer değildir. Matbu materyal olarak esas bedelini düşünecek olursak, değeri bir dolara yaklaşmaz bile. Bu dünyadaki tek kişi ben olsaydım ve başka kimse olmasaydı, muhtemelen o bir dolarlık paraları kışın şöminede yakacak olarak kullanırdım. Belki de burnumu silmek için kullanırdım. Aynı mantığı takiben, boyumu dert etmem için de bir neden olmazdı.

GENÇ: Bu dünyadaki tek kişi siz olsaydınız ve başka kimse olmasaydı, öyle mi?

FİLOZOF: Evet. Sonuç olarak, değer sorunu bizi yine kişilerarası ilişkilere getirdi.

GENÇ: O halde bu konu "Bütün sorunlar kişilerarası ilişki sorunlarıdır" meselesine bağlanıyor?

FİLOZOF: Evet, öyle.

AŞAĞILIK KOMPLEKSİ BİR BAHANEDİR

GENÇ: Ama aşağılık duygusunun aslında kişilerarası ilişkiler sorunu olduğunu kesin olarak söyleyebilir misiniz? Sosyal açıdan çok başarılı olduğu düşünülen ve başkalarıyla ilişkilere girerek kendini alçaltması gerekmeyen bir kişi bile yine de aşağılık duygusuna kapılabilir mi? İnanılmaz zengin bir iş adamı, herkesin kıskandığı eşsiz güzellikte bir kadın ve olimpiyatlarda altın madalya almış biri... Hepsinin de aşağılık duygusuna kapılması mümkün. Eh, bana böyle geliyor. Bu konuda nasıl düşünmem *gerekir*?

FİLOZOF: Adler aşağılık duygusunun herkesin yaşadığı bir şey olduğunu söyler. Aşağılık duygusunun kötü bir yanı yoktur.

GENÇ: Peki, insanlar neden böyle bir duyguya kapılır?

FİLOZOF: Sanırım bunu belli bir sıra dahilinde anlamak gerek. İlk olarak, insanlar bu dünyaya çaresiz varlıklar olarak gelir. Ayrıca insanlar o çaresizlik halinden kaçmaya dair evrensel bir istek duyar. Adler buna "üstünlük arayışı" der.

GENÇ: Üstünlük arayışı mı?

FİLOZOF: Bunu sadece "kendini geliştirme umudu" ya da "ideal bir hali arama" olarak düşünebilirsin. Örneğin emekleme döneminde olan bir çocuk ayakta durmayı öğrenir. Dil öğrenme ve gelişme isteği duyar, bu herkeste olan bir istektir. İnsanlık tarihi boyunca meydana gelen bütün ilerlemeler de bu "üstünlük arayışı"ndan kaynaklanır.

GENÇ: Tamam. Ya sonra?

FİLOZOF: Bunun zıddı aşağılık duygusudur. Bu yüzden herkes "kendini geliştirmek isteme hali"ndedir, yani üstünlük arayışındadır. Kişi çeşitli idealler ya da hedefler belirler ve bunlara doğru ilerler. Ama ideallerine ulaşamayınca, yetersiz olduğu hissine kapılır. Örneğin bazı aşçılar vardır, yaratıcılıkları ve başarıları ne kadar artarsa artsın daima aşağılık duygusunun pençesinde hissederler ve kendilerine şöyle şeyler söylerler: "Hâlâ yeterince iyi değilim" ya da "Aşçılığımı bir üst seviyeye taşımam gerek".

GENÇ: Doğru.

FİLOZOF: Adler de der ki üstünlük arayışı ve aşağılık duygusu hastalık değildir, normal ve sağlıklı mücadelenin ve gelişimin tetikleyicisidir. Aşağılık duygusu yanlış kullanılmadığı takdirde, mücadeleyi ve gelişimi destekleyebilir.

GENÇ: Aşağılık duygusu bir tür fırlatma rampası mıdır?

FİLOZOF: Evet, öyledir. İnsan hissettiği aşağılık duygusundan kurtulmaya çalışır ve ilerlemeye yönelik çaba gösterir. Asla mevcut durumundan tatmin olmaz – tek bir adım olsa bile ilerleme kaydetmek ister. Daha mutlu olmak ister. Bu tür bir aşağılık duygusu katiyen olumsuz değildir. Ama bazı insanlar da vardır ki ileriye doğru tek bir adım atma cesaretini kaybeder ve gerçekçi bir çaba göstererek durumun değişebileceğini kabul etmez. Daha bir şey yapmadan pes eder böyle kişiler ve "Zaten yeterince iyi değilim" veya "Denesem bile, ne değişecek ki" gibi şeyler söylerler.

GENÇ: Evet, doğru. Hiç şüphe yok ki aşağılık duygusu kuvvetliyse, çoğu kişi kötümser bir hale bürünür ve "Zaten yeterince iyi değilim" der. Çünkü aşağılık duygusu böyle bir şeydir.

FİLOZOF: Hayır, aşağılık duygusu değildir bu – aşağılık kompleksidir.

GENÇ: Kompleks mi? Aşağılık duygusu da aynı şey değil mi?

FİLOZOF: Dikkatli ol. Günümüzde "kompleks" kelimesi "aşağılık duygusu"yla aynı anlama geliyormuş gibi kullanılıyor. İnsanların şöyle şeyler söylediğini duymuşsundur: "Gözkapaklarımla ilgili kompleksim var" veya "Eğitimiyle ilgili kompleksi var" vs. Ama bu ifadeler terimin tamamıyla yanlış kullanılmasından ibarettir. Temel olarak "kompleks" anormal bir ruh halidir, iç içe geçmiş birtakım duygular ve fikirlerden oluşan karmaşık bir şeydir, aşağılık duygusuyla hiçbir alakası yoktur. Örneğin Freud'un Oidipus kompleksini düşünelim, bu terim çocuğun karşı cinsten ebeveynine duyduğu anormal çekimi ifade etmek için kullanılır.

GENÇ: Evet. Anne kompleksi ve baba kompleksi söz konusu olduğunda anormallik nüansı özellikle güçlü.

FİLOZOF: O halde tam da bu yüzden "aşağılık duygusu" ile "aşağılık kompleksi"ni birbiriyle karıştırmamak ve bunları apayrı şeyler olarak düşünmek çok önemli.

GENÇ: Peki aralarındaki fark somut olarak nasıl?

FİLOZOF: Aşağılık duygusunun kendi içinde kötü bir yanı yok. Bu noktayı artık anladın değil mi? Adler'in dediği gibi, aşağılık duygusu mücadele etmeye ve gelişmeye yönelik tetikleyici bir unsur olabilir. Örneğin kişinin eğitimiyle ilgili bir aşağılık duygusu varsa ve "İyi eğitimli değilim, o yüzden herkesten çok çabalamam gerek" diye azmetmeye karar vermişse, aşağılık duygusunu olumlu bir yöne sevk eder. Öte yandan aşağılık kompleksi kişinin aşağılık duygusunu bir tür bahane olarak kullanmaya başlamasıyla ilgili bir durumdur. Böyle olunca da kişi şöyle düşünür: "İyi eğitimli değilim, o yüzden başarılı olmam mümkün değil" veya "Güzel değilim, o yüzden evlenmem mümkün değil". Gündelik hayatta bu şekilde "Durum A, o yüzden B mümkün değil" mantığında eden birisi aşağılık duygusu kategorisine uymaz. Bu bir aşağılık kompleksidir.

GENÇ: Hayır, bence bu geçerli bir nedensel ilişki. İyi eğitimli değilsen, bu durum iş bulma veya dünyada başarılı olma şansını elinden alır. Sosyal ölçekte aşağı seviyede görülürsün ve başarılı olamazsın. Bu kesinlikle bahane değil. Sadece buz gibi bir gerçek. Öyle değil mi?

FİLOZOF: Hayır, yanılıyorsun.

GENÇ: Nasıl? Hangi konuda yanılıyorum?

FİLOZOF: Senin nedensel ilişki dediğin şeyi Adler "görünüşteki sebep-sonuç" olarak tanımlar. Yani ortada hiç öyle bir şey olmadığı halde, kendini ciddi bir nedensel ilişki olduğuna inandırırsın. Geçen gün birisi bana şöyle dedi: "Kolaylıkla evlenemememin nedeni anne babamın ben küçükken boşanmış olması." Freud etiyolojisi (nedenler atfetmek) perspektifinden bakıldığında, ebeveynlerin boşanması büyük bir travmadır, bu travma da kişinin evlilikle ilgili görüşlerine bariz nedensel bir ilişkiyle bağlanır. Öte yandan Adler teleolojisi (hedefler atfetmek) bu tür argümanları reddedip "görünüşteki sebep-sonuç" olarak adlandırır.

GENÇ: Öyle olsa da işin gerçeği şu ki iyi bir eğitim kişinin toplumda başarılı olmasını kolaylaştırır. Dünyada işlerin nasıl döndüğünü bildiğinizi sanıyordum.

FİLOZOF: Esas konu kişinin bu gerçeklikle nasıl yüzleştiğidir. Şayet "İyi eğitimli değilim, o yüzden başarılı olmam mümkün değil" diye düşünüyorsan, o zaman "Başarılı olmam mümkün değil" yerine, aslında "Başarılı olmak istemiyorum" diye düşünüyor olmalısın.

GENÇ: Başarılı olmak istemiyor muyum? Bu ne biçim bir mantık?

FİLOZOF: Mesele şu ki ileriye doğru tek bir adım atmak bile korkutucudur. Bu yüzden elini taşın altına koymak ve gerçekçi bir çaba göstermek istemiyorsun. Şu anda keyif aldığın şeyleri feda edecek kadar değişmek istemiyorsun; örneğin oyun oynayarak ve hobilerinle ilgilenerek geçirdiğin zamanı feda edemiyorsun. Başka bir deyişle yaşam tarzını değiştirme *cesaretine* sahip değilsin. Birtakım şikâyetlerin veya kısıtlamaların olsa da, her şeyin olduğu gibi kalması sana daha kolay geliyor.

YÜKSEKTEN ATIP TUTAN KİŞİLERDE AŞAĞILIK DUYGUSU VARDIR

GENÇ: Olabilir ama...

FİLOZOF: Üstelik eğitimle ilgili bir aşağılık kompleksi geliştirmişsin ve "İyi eğitimli değilim, o yüzden başarılı olmam mümkün değil" diye düşünüyorsun. Tersinden alındığında bu mantık şöyle de ifade edilebilir: "İyi eğitimli olsaydım, çok başarılı olabilirdim."

GENÇ: Hımm, doğru.

FİLOZOF: Bu da aşağılık kompleksinin diğer unsurudur. Aşağılık komplekslerini "Durum A, o yüzden B mümkün değil" mantığındaki sözlerle veya tavırlarla belli edenler aslında şunu ima ediyor: "A olmasaydı, aslında istediğimi yapabilecek kapasitem ve değerim olurdu."

GENÇ: "Böyle olmasaydı, ben de yapabilirdim" gibi.

FİLOZOF: Evet. Adler'in dediği gibi, kimse aşağılık duygusuna uzun süre dayanamaz. Aşağılık duygusu herkeste olan bir şeydir ama sonsuza dek bu halde kalmak çok ağır bir yüktür.

GENÇ: Ne? Çok kafa karıştırıcı olmaya başladı.

FİLOZOF: Tamam, her şeyi teker teker ele alalım. Bir konuda aşağılık duygunun olması mevcut halinle kendinde bir eksiklik görmendir. Dolayısıyla esas soru...

GENÇ: Eksikliğin nasıl doldurulacağıdır, değil mi?

FİLOZOF: Tam olarak öyle. Eksikliğin nasıl telafi edileceğidir. Bunun en sağlıklı yolu mücadele etmek ve kendini geliştirmeye çalışmaktır. Örneğin kişi kendini eğitim gördüğü alana adayıp istikrarlı bir çalışma programı izleyebilir. Ya da işinde özenli ve çalışkan olmaya gayret edebilir. Ama bu cesarete sahip olmayan kişiler aşağılık kompleksi geliştirir. Bahsettiğimiz düşünce biçimine saplanırlar: "İyi eğitimli değilim, o yüzden başarılı olmam mümkün değil." Böylece şunu ima etmiş olurlar: "İyi eğitimli olsaydım, gerçekten de başarılı olabilirdim." Şu anda eğitim sorunu yüzünden gölgede kalmış "gerçek ben" aslında üstün diye düşünürler.

GENÇ: Hayır, bu mantıklı değil. Bahsettiğiniz ikinci durum aşağılık duygusunun ötesinde. Aslında bu her şeyden çok boş bir cesaret gösterisi değil mi?

FİLOZOF: Öyle. Aşağılık kompleksi başka bir özel ruh durumuna da dönüşebilir.

GENÇ: O nedir?

FİLOZOF: Bu konuda pek bir şey duymamışsındır muhtemelen. Buna "üstünlük kompleksi" deniyor.

GENÇ: *Üstünlük* kompleksi mi?

FİLOZOF: Kişi güçlü üstünlük hislerinden mustariptir, bunun yanısıra sağlıklı mücadele ve kendini geliştirme yöntemleriyle durumu telafi etme cesaretinden yoksundur. Bu haldeki bir kişi aşağılık kompleksini "Durum A, o yüzden B mümkün değil" diye düşünerek tolere edemez. "Yetersiz benlik"ini kabullenemez. Dolayısıyla durumu başka bir şekilde telafi etmeye çalışır ve daha kolay bir çıkış yolu arar.

GENÇ: Bu nasıl bir yoldur?

FİLOZOF: Gerçekten de üstünmüş gibi davranarak ve uydurma bir üstünlük hissine kapılarak.

GENÇ: Uydurma bir üstünlük hissi mi?

FİLOZOF: Tanıdık bir örnek "otorite vermek" olabilir.

GENÇ: Bu ne anlama geliyor?

FİLOZOF: Kişi güçlü birisiyle iyi anlaştığını sergiler (genel olarak, okulda sınıf başkanından ünlü birine kadar herkes olabilir). Böylece "Ben özel biriyim" mesajını verir. İş deneyimi konusunda gerçeğe dayanmayan bir profil sunmak veya belirli giyim markalarına aşırı bağlı olmak otorite verme çeşitleridir. Bu davranışlarda üstünlük kompleksi özellikleri de bulunabilir. Her örnekte üstün ya da özel olan aslında "ben" değildir. Sadece kişi bunu otoriteyle ilişkilendirerek "ben"in üstün görünmesini sağlar. Kısacası uydurma bir üstünlük hissidir.

GENÇ: Bunun temelinde de yoğun bir aşağılık duygusu mu yatar?

FİLOZOF: Elbette. Modadan pek anlamam ama bana kalırsa, bütün parmaklarına yakut ve zümrüt yüzükler takıp takıştıran kişilerin estetik anlayış sorunu değil aşağılık duygusu sorunu vardır. Başka bir deyişle bu insanlar üstünlük kompleksi emareleri sergiler.

GENÇ: Doğru.

FİLOZOF: Başka bir nesneden ya da kişiden aldıkları eğreti güçle kendilerini daha büyük gösteren kişiler aslında başkalarının değer sistemlerine göre yaşıyordur – yani bu kişiler başkalarının hayatlarını yaşıyordur. Bu noktayı vurgulamak gerek.

GENÇ: Bu da üstünlük kompleksi oluyor. Çok ilginç bir psikoloji. Başka bir örnek daha verebilir misiniz?

FİLOZOF: Başarılarıyla övünmeyi seven kişiler vardır. Geçmiş başarılarına tutunurlar ve daima en parlak dönemleriyle ilgili anılarını anlatırlar. Belki tanıdığın böyle kişiler vardır. Bu insanların hepsinin üstünlük kompleksi olduğu söylenebilir.

GENÇ: Başarılarıyla övünen birisi mi? Evet, küstahça bir tavır ama kişi gerçekten üstün olduğu için övünebilir. Buna uydurma bir üstünlük hissi diyemezsiniz.

FİLOZOF: Aa, yanılıyorsun. Ulu orta kendiyle övünecek kadar ileri giden kişiler aslında özgüvenden yoksundur. Adler açıkça şöyle der: "Övünen kişi bunu sadece bir aşağılık duygusundan dolayı yapar."

GENÇ: Övünmenin tersine çevrilmiş bir aşağılık duygusu olduğunu mu söylüyorsunuz?

FİLOZOF: Evet. Bir insan kendine gerçekten güveniyorsa övünme ihtiyacı hissetmez. Kişi ancak aşağılık duygusu güçlü olduğu takdirde övünür. Üstünlüğünü daha da fazla sergileme ihtiyacı duyar. Çünkü şöyle bir korku söz konusudur: "Bunu yapmazsam tek bir kişi bile beni olduğum gibi kabul etmez." Bu tam manasıyla bir üstünlük kompleksidir.

GENÇ: O halde aşağılık kompleksi ve üstünlük kompleksi kelime anlamı itibariyle birbirinin zıddı gibi gelse de, aslında birbiriyle kesişen kavramlar mı?

FİLOZOF: Evet, bariz bir bağlantıları var. Övünmekle ilgili vermek istediğim son bir örnek var, oldukça karmaşık bir örnek. Aşağılık duygusunun artmasıyla ortaya çıkan ve özel bir üstünlük duygusuna çıkan bir davranış kalıbıdır bu. Somut olarak söylemek gerekirse, kişinin talihsizlikleriyle övünmesi.

GENÇ: Talihsizlikleriyle övünmesi mi?

FİLOZOF: Yani çocukluğundaki yetiştirilme tarzından ve başına gelen çeşitli talihsizliklerden söz ederken övünen kişiden bahsediyorum. Birisi bu kişiyi teselli etmeye çalıştığında ya da bir değişiklik yapmasını önerdiğinde, övünen kişi yardımı geri çevirir. "Ne hissettiğimi anlamıyorsun" der.

GENÇ: Evet, bu tür insanlar var. Ama...

FİLOZOF: Bu tür insanlar talihsiz deneyimleriyle kendilerini "özel" göstermeye çalışır ve sırf talihsizlikleri itibariyle kendilerini başkalarından üstün bir seviyeye çıkarır. Örneğin benim kısa boylu olmamı ele alalım. Diyelim ki iyi yürekli insanlar bana gelip "Dert edilecek bir şey değil" veya "İnsanın değerini belirleyen böyle şeyler değildir" dediler. Onlara karşı çıkıp "Kısa boylu insanların neler yaşadığıyla ilgili ne biliyorsunuz ki siz?" dersem, bana kimse bir daha bir şey demez. Eminim etrafımdaki herkes bana hassas bir yara gibi davranacaktır ve özen gösterecektir, daha doğrusu ihtiyatlı yaklaşacaktır.

GENÇ: Çok haklısınız.

FİLOZOF: Bunu yaparak konumum başkalarınınkine kıyasla daha üstün hale gelir ve özel birisi olabilirim. Bir sürü insan hasta olduğunda, yaralandığında veya kalp kırıklığından gelen ruhsal sıkıntılar çektiğinde böyle bir tavır takınarak "özel" olmaya çalışır.

GENÇ: Böylece aşağılık duygusu sergiliyorlar ve bunu lehlerine mi kullanıyorlar?

FİLOZOF: Evet. Talihsizliklerini kendileri için bir avantaja çeviriyorlar ve bununla karşı tarafı kontrol etmeye çalışıyorlar. Ne kadar talihsiz olduklarını ve ne kadar acı çektiklerini dile getirerek etraflarındaki kişileri (örneğin ailelerini ve arkadaşlarını) endişelendirmeye çalışıyorlar, onların sözlerini ve davranışlarını kısıtlamaya ve kontrol etmeye çalışıyorlar. İlk başta sözünü ettiğim, şu kendi odalarına kapanan kişiler sık sık üstünlük hissine kapılıp talihsizliklerini kendileri için bir avantaja çevirir. Öyle ki Adler bu konuda şöyle demiştir: "Kültürümüzde zayıflık son derece güçlü ve kuvvetli bir şey olabilir."

GENÇ: Yani zayıflık güçlü bir şey mi?

FİLOZOF: Adler şöyle der: "Aslında kültürümüzdeki en güçlü kişi kim diye soracak olsak, en mantıklı cevap şu olur: bebek. Bebekler hükmeder ve onlara hükmedilemez." Bebekler zayıflıklarıyla yetişkinleri yönetir. Bu zayıflık yüzünden de kimse onu kontrol edemez.

GENÇ: Bu bakış açısıyla ilk kez karşılaşıyorum.

FİLOZOF: İncinmiş kişinin sözlerinde –"Ne hissettiğimi anlamıyorsunuz!"– bir nebze doğruluk payı da vardır elbette. Acı çeken kişinin hislerini tam olarak anlayabilmemiz mümkün değildir.

Ama kişi talihsizliğini "özel" olmak için kendi lehine kullandığı müddetçe, o talihsizliğe her zaman ihtiyaç duyacaktır.

***

Genç adam ve filozof artık bir dizi tartışma konusunu geride bırakmıştı: aşağılık duygusu, aşağılık kompleksi ve üstünlük kompleksi. Bunlar psikolojide anahtar kavramlardı, öte yandan içerdikleri gerçekler genç adamın kafasında oluşturduğu anlamlardan çok farklıydı. Yine de bir terslik olduğunu hissediyordu. *Bu konuyu kabullenmekte neden zorlanıyorum? Beni şüphe içinde bırakan şey giriş kısmı, önermenin temel varsayımları olmalı.* Genç adam sakin tavrını koruyarak söze girdi.

HAYAT BİR YARIŞ DEĞİLDİR

GENÇ: Ama hâlâ anlamadım galiba.

FİLOZOF: Tamam, bana istediğini sorabilirsin.

GENÇ: Adler üstünlük arayışının –kişinin daha üstün olmaya çalışmasının– evrensel bir istek olduğunu kabul ediyor değil mi? Öte yandan aşırı aşağılık ve üstünlük hisleriyle ilgili bir uyarı da yapıyor. Üstünlük arayışını reddetseydi, kolayca anlayabilirdim – söylediklerini kabul edebilirdim o zaman. Peki, tam olarak ne yapmamız gerekiyor?

FİLOZOF: Şöyle düşünelim. Üstünlük arayışından söz ettiğimizde, bunu başkalarından üstün olmaya çalışma isteği olarak düşünmeye meylederiz; başkalarını bulundukları yerden devirmek pahasına daha yükseklere tırmanma isteği. Bir bakıma bir merdiveni çıkarken basamaklardaki insanları ite kaka tepeye tırmanmak gibi. Elbette Adler bu tür tavırları savunmaz. Bunun yerine, aynı oyun alanında aynı düzlemde ileriye doğru gidenlerin ve onların arkasında ilerleyen başka kişilerin bulunduğunu söyler. Kat edilen mesafe ve yürüme hızı farklı olduğu halde, herkes aynı düzlemde eşit bir şekilde yürür. Üstünlük arayışı başkalarından daha üstün olmayı amaçlamayı gerektiren türden bir rekabet zihniyetinden ziyade, kişinin kendi başına ileri adım atmasıyla ilgili zihniyettir.

GENÇ: O halde hayat bir yarış değil midir?

FİLOZOF: Değildir. Kimseyle yarışmadan, ileriye doğru gitmeye devam etmek yeterlidir. Tabii ki insanın kendini başkalarıyla kıyaslamasına da gerek yoktur.

GENÇ: Hayır, mümkün değil. Ne olursa olsun, kendimizi her zaman başkalarıyla kıyaslarız. Zaten aşağılık duygusu bundan kaynaklanmaz mı?

FİLOZOF: Sağlıklı bir aşağılık duygusu insanın kendini başkalarıyla kıyaslamasıyla değil, kişinin kendini ideal benliğiyle kıyaslamasıyla gelir.

GENÇ: Ama...

FİLOZOF: Bak, hepimiz farklıyız. Cinsiyet, yaş, bilgi, deneyim, görünüş... Tıpatıp aynı iki insan bulamazsın. Olumlu bir bakış açısıyla, diğer insanların bizden farklı olduğunu, aynı olmadığımızı ama eşit olduğumuzu kabul edelim.

GENÇ: Aynı değiliz ama eşit miyiz?

FİLOZOF: Evet. Herkes farklıdır. İyi ve kötü, üstün ve aşağı – bunları birbirine karıştırmayalım. Ne kadar farklı olursak olalım, hepimiz eşitiz.

GENÇ: İnsanlar arasında sınıf farkı yok yani. İdealist bir açıdan öyle olabilir. Ama biz şu anda gerçeklerle ilgili dürüst bir tartışma yapmaya çalışıyoruz değil mi? Örneğin yetişkin olarak ben ve hâlâ aritmetikte sorun yaşayan bir çocuk eşit midir sizce?

FİLOZOF: Bilgi ve deneyim seviyesi, ayrıca üstlenilebilecek sorumluluklar açısından mutlaka farklılıklar olacaktır. Çocuk ayakkabılarının bağcıklarını doğru dürüst bağlayamayabilir ya da karmaşık matematik denklemlerini anlayamayabilir veya sorunlar ortaya çıktığında bir yetişkin kadar sorumluluk üstlenemeyebilir. Ama bu tür şeylerin insani değerlerle bir ilgisi olmaması gerekir. Cevabım aynı. Bütün insanlar eşittir ama aynı değildir.

GENÇ: O zaman bir çocuğa yetişkin biri gibi davranmak gerek mi diyorsunuz?

FİLOZOF: Hayır, çocuğa yetişkin ya da çocuk gibi davranmak yerine, insan gibi davranmak gerek. Çocukla samimi bir etkileşim kurmalıyız, onu kendimiz gibi bir insan olarak görmeliyiz.

GENÇ: Soruyu değiştirelim. Bütün insanlar eşit. Aynı oyun alanında ve aynı düzlemdeler. Ama aslında aralarında bir kademe farkı yok mu? İleriye gidenler üstün, onları arkadan takip edenler daha aşağı seviyede. Böylece üst veya aşağı seviyede olma sorununa çıkmıyor muyuz?

FİLOZOF: Hayır, çıkmıyoruz. Bir kişinin önde veya arkada yürümesi önemli değildir. Bunu dikey ekseni olmayan düz bir alanda ilerlemek gibi düşün. Birisiyle yarışmak için yürümüyoruz. Esas değer taşıyan şey, kişinin şu anki halini aşmaya çalışmasıdır.

GENÇ: Siz bütün rekabet hallerinden kurtuldunuz mu?

FİLOZOF: Elbette. Statü ya da şeref elde etmeyi düşünmüyorum. Hayatımı dünyevi rekabetlerle hiçbir ilgisi olmayan, bunların dışında kalan bir filozof olarak yaşıyorum.

GENÇ: Rekabeti bıraktınız mı yani? Yenilgiyi bir şekilde kabullendiniz mi?

FİLOZOF: Hayır. Kazanmakla ve kaybetmekle meşgul yerlerden uzaklaştım. Rekabet insanın kendisi olmasının önünü tıkar.

GENÇ: Mümkün değil! İçi geçmiş ihtiyar argümanı bu. Benim gibi gençlerin rekabetin yarattığı gerilimde kendi imkânlarını kullanarak ayakta kalmaları gerekir. Yanımda koşan bir rakibim olmazsa kendimi aşamam. Kişilerarası ilişkileri rekabetçi olarak düşünmenin ne zararı var?

FİLOZOF: Bu rakip yoldaş diyebileceğin birisiyse, kendini geliştirmeni sağlayabilir. Ama çoğu zaman, rakibin olan biri yoldaşın olamaz.

GENÇ: Bu tam olarak ne anlama geliyor?

NASIL GÖRÜNDÜĞÜNÜ BİR TEK SEN DERT EDİYORSUN

FİLOZOF: Şimdi, konuları birbirine bağlayalım. İlk önce, Adler'in "Bütün sorunlar kişilerarası ilişki sorunlarıdır" tanımından tatmin olmadığını söylemiştin. Aşağılık duygusuyla ilgili tartışmamızın çıkış noktası buydu.

GENÇ: Evet, doğru. Aşağılık duyguları konusu çok yoğundu. Çıkış noktamızı unutmuştum neredeyse. Siz bu konuyu neden açtınız?

FİLOZOF: Rekabet konusuyla bağlantılı çünkü. Bir insanın kişilerarası ilişkilerinin merkezinde rekabet varsa, kişilerarası ilişkilerle ilgili sorunlardan veya talihsizliklerden kaçamaz.

GENÇ: Neden?

FİLOZOF: Çünkü yarış denen şeyin sonunda kazananlar ve kaybedenler olur.

GENÇ: Kazananlar ve kaybedenler olması çok doğal!

FİLOZOF: O halde etrafındaki kişilerle rekabet halinde olduğunun bilincinde olan kişi özellikle sen olsaydın ne olurdu diye düşün. Bu kişilerle ilişkilerinde galibiyetin veya yenilginin bilincinde olmaktan başka seçeneğin olmazdı. Bay A o meşhur üniversiteden kabul alır, Bay B o büyük şirkette iş bulur ve Bay C çok güzel bir kadınla sevgili olur... Sen de kendini onlarla kıyaslayıp "Benim elimdeyse bir tek bunlar var" diye düşünürsün.

GENÇ: Ha-ha. Bu çok spesifik bir örnek.

FİLOZOF: Bir kişi rekabetin, galibiyetin ve mağlubiyetin bilincinde olduğunda, aşağılık duygusunun ortaya çıkması kaçınılmazdır. Çünkü kişi kendini sürekli başkalarıyla kıyaslıyordur, "O kişiyi yendim" ya da "O kişiye yenildim" diye düşünüyordur. Aşağılık kompleksi ve üstünlük kompleksi de bunun uzantılarıdır. Şimdi, bu durumda diğer kişi senin için nasıl birisi?

GENÇ: Bilmem... Rakip mi?

FİLOZOF: Hayır, sadece rakip değil. Farkına bile varmadan, her insanı, dünyadaki herkesi düşmanın olarak görmeye başlarsın.

GENÇ: Düşmanım mı?

FİLOZOF: Herkesin seni küçümsediğini ve hor gördüğünü düşünmeye başlarsın. Herkesin hiçbir zaman hafife alınmaması gereken düşmanlar olduğunu, seni alt etmek için boşluk ve fırsat kolladıklarını düşünmeye başlarsın. Kısacası dünya dehşet verici bir yer haline gelir.

GENÇ: Asla hafife alınmaması gereken düşmanlar... Bu tür kişilerle mi rekabet ediyorum?

FİLOZOF: Rekabetin bu denli dehşet verici olmasının nedeni budur. Kaybeden değil her zaman kazanan birisi olsan bile, rekabete giren birisiysen, bir an bile huzur bulamazsın. Kaybeden taraf olmak istemezsin. Kaybeden birisi olmak istemiyorsan da her zaman kazanmaya devam etmen gerekir. Başkalarına güvenemezsin. Pek çok kişi kariyer yapıp toplum nezdinde başarı basamaklarını tırmanırken aslında mutsuz hisseder, bunun nedeni rekabet içinde yaşamalarıdır. Çünkü onlara göre dünya düşmanlarla dolup taşan tehlikeli bir yerdir.

GENÇ: Sanırım öyle ama...

FİLOZOF: Ama diğer insanların gözü sürekli sende mi acaba? Gece gündüz seni izleyip saldırmak için fırsat mı kolluyorlar? Sanmıyorum. Genç bir arkadaşım ergenlik döneminde vaktinin büyük bir kısmını ayna karşısında saçlarına şekil vermekle geçirirdi. Bir keresinde yine ayna karşısındayken, büyükannesi "Nasıl göründüğünü bir tek sen dert ediyorsun" demiş. Arkadaşım o günden sonra hayatla daha kolay başa çıktığını söylüyor.

GENÇ: Bu taş banaydı değil mi? Kabul, etrafımdaki kişileri düşman olarak görüyor olabilirim. Sürekli saldırıya uğramaktan, her an üstüme yağabilecek oklardan korkuyorum. Her zaman başkaları tarafından izlendiğimi, benimle ilgili yargılamalarına maruz kaldığımı ve saldırıya uğrayacağımı düşünüyorum. Bunun ayna takıntısı olan ergeninki gibi kendine dönük bir tepki olduğu da doğru olabilir. Dünyadaki insanlar benimle ilgilenmiyor. Sokakta amuda kalkıp yürüsem bile fark etmezler! Ama bilemiyorum. Sonuç olarak, aşağılık duygusunun benim seçtiğim, belli bir amacı olan bir şey olduğunu mu söylüyorsunuz? Bu bana hiç mantıklı gelmiyor.

FİLOZOF: Neden?

GENÇ: Benden üç yaş büyük bir abim var. Klasik abi imajına çok uyuyor – her zaman anne babamın dediğini yapıyor, derslerinde ve sporda çok başarılı ve tam bir çalışkanlık abidesi. Küçüklüğümden beri hep onunla kıyaslandım. Benden yaşça büyük ve daha becerikli, bu yüzden de hiçbir şeyde ondan daha iyi olamadım. Anne babam bu tür koşulları hiç umursamadı ve beni takdir ettiklerini asla göstermediler. Ne yaparsam yapayım, bana çocukmuşum gibi davrandılar ve her fırsatta azarlanıp sessiz olmam söylediler. Hislerimi kendime saklamayı öğrendim. Hayatımı tamamıyla aşağılık duygusuna kapılmış bir halde geçirdim. Abimle rekabet içinde olduğumun bilinciyle yaşadım mecburen.

FİLOZOF: Anlıyorum.

GENÇ: Bazen bu konuyu şöyle düşünüyorum: Yeterince güneş almadan büyümüş bir sukabağıyım sanki. O yüzden aşağılık duygusuyla kıvranıyor olmam da gayet doğal. Böyle koşullarda doğru düzgün büyüyebilen biri varsa eğer, onunla tanışmak isterim!

FİLOZOF: Anlıyorum. Gerçekten de ne hissettiğini anlıyorum. Şimdi, "rekabet" konusunu abinle arandaki ilişkiyi göz önüne alarak düşünelim. Abinle ve diğer kişilerarası ilişkilerinle ilgili rekabet yönelimiyle düşünmüyor olsan, insanlar sana nasıl görünürdü?

GENÇ: Eh, abim sonuçta abim. Diğer insanlarsa ayrı bir konu.

FİLOZOF: Hayır, yoldaşlar olmaları gerekir.

GENÇ: Yoldaşlar mı?

FİLOZOF: Daha önce "Başkalarının mutluluğunu gönülden kutlayamıyorum" dememiş miydin? Kişilerarası ilişkilerini rekabet olarak düşünüyor, başkalarının mutluluğunu da "Yenildim" diye algılıyorsun. Başkalarının mutluluğunu kutlayamamanın nedeni bu. Ama rekabet durumundan kurtulduğunda, birisine karşı galip gelme ihtiyacı ortadan kalkar. Ayrıca kişi kaybetme korkusundan da kurtulur. Başkalarının mutluluğunu gönülden kutlamaya başlar. Başkalarının mutluluğuna fiilen katkıda bulunmayı başaracak hale gelebilir. İhtiyaç halinde bir başkasına her zaman yardım etmeye istekli kişi – işte bu tür bir kişinin gerçek anlamda yoldaşın olduğu söylenebilir.

GENÇ: Hımm.

FİLOZOF: Şimdi önemli kısma geldik. "İnsanlar yoldaşım" diyebildiğinde dünyaya bakışın tamamen değişecek. Artık dünyanın tehlikeli bir yer olduğunu düşünmeyeceksin veya gereksiz şüphelerle kendine eziyet etmeyeceksin; dünya sana güvenli ve güzel bir yer olarak görünecek. Kişilerarası ilişkilerle ilgili sorunların önemli ölçüde azalacak.

GENÇ: Ne kadar da mutlu bir insansınız! Ama biliyor musunuz, bütün bunlar ayçiçeği gibi olmaktan geliyor. Her gün cıvıl cıvıl güneş ışığında bayram eden ve bol bol sulanan bir ayçiçeğinin mantığı bu. Gölgede büyümüş bir su kabağı ise böyle olmuyor!

FİLOZOF: Yine etiyolojiye (nedenler atfetme) dönüyorsun.

GENÇ: Evet, tabii ki!

***

Katı ebeveynler tarafından yetiştirilmiş genç adam küçük yaşlardan beri abisinin varlığı altında ezilmiş ve onunla kıyaslanmıştı. Hiçbir fikri dikkate alınmamıştı ve kırıcı sözlerle zavallı bir küçük kardeş olduğu söylenmişti. Okulda bile arkadaş edinememiş, boş zamanlarını hep tek başına kütüphanede geçirmişti ve orası tek sığınağı olmuştu. Çocukluğu böyle geçmiş

genç adam tam olarak etiyoloji âleminde yaşıyordu. O tür ebeveynler tarafından yetiştirilmemiş olsaydı, abisi olmasaydı ve o okula gitmeseydi, daha parlak bir hayatı olabilirdi. Genç adam tartışmayı mümkün olduğunca serinkanlı bir şekilde yürütmeye çalışmıştı ama içinde senelerdir biriken sıkışmış hisler artık patlama noktasına geldi.

İKTİDAR MÜCADELESİNDEN İNTİKAMA

GENÇ: Şimdi, teleoloji ve tüm bu laflar tamamıyla safsata. Travma diye bir şey de kesinlikle var. Ayrıca insanlar geçmişlerinden kurtulamaz. Bunun farkında değil misiniz? Zaman makinesiyle geçmişe dönemeyiz. Geçmiş geçmiş olarak var oldukça geçmişten gelen bağlamlarda yaşarız. Geçmişi var olmayan bir şey olarak gören kişi şu zamana kadar yaşadığı bütün hayatı da yok sayıyordur. Böyle sorumsuz bir hayatı tercih etmemi mi tavsiye ediyorsunuz?

FİLOZOF: Doğru, zaman makinesiyle geçmişe dönemeyiz veya zamanı geri alamayız. Ama insan geçmişteki olaylara ne tür bir anlam yüklemeli? "Şu andaki kendin"in görevi bu.

GENÇ: Tamam, o halde "şu an"dan söz edelim. Geçen sefer, "İnsanlar öfke hissini kendileri üretir" demiştiniz değil mi? Teleolojinin bakış açısı bu. Bu ifadeyi hâlâ kabul edemiyorum. Örneğin topluma ya da hükümete duyulan öfkeyi nasıl açıklıyorsunuz? Bunların da kişinin fikirlerini dayatmak için ürettiği hisler olduğunu mu söylüyorsunuz?

FİLOZOF: Sosyal sorunlara karşı infiale kapıldığım zamanlar oluyor. Ama bana kalırsa bu bir duygu patlamasından ziyade, mantığa dayalı bir kızgınlık. Kişisel öfke yani kişisel garez ile toplumdaki çelişkilere ve adaletsizliklere karşı haklı olarak hissedilen kızgınlık arasında bir fark var. Kişisel öfke kısa sürede söner. Öte yandan haklı olarak hissedilen kızgınlık uzun süre devam eder. Kişisel bir garez ifadesi olarak öfke başkalarının sana teslim olması için kullanılan bir araçtan başka bir şey değildir.

GENÇ: Kişisel garezler ile haklı olarak hissedilen öfke farklı mı diyorsunuz?

FİLOZOF: Tamamıyla farklılar. Çünkü haklı olarak hissedilen kızgınlık kişinin çıkarlarını aşar.

GENÇ: O halde size kişisel garezlerle ilgili bir soru soracağım. Eminim ki siz de zaman zaman öfkeleniyorsunuzdur. Örneğin birisi ortada bir neden yokken size hakaret etse öfkelenmez misiniz?

FİLOZOF: Hayır, öfkelenmem.

GENÇ: Hadi ama, dürüst olun.

FİLOZOF: Birisi bana hakaret ettiğinde, o kişinin gizli amacını düşünürdüm. Birisine kötü bir şey yapmadığın halde o kişinin sözleri veya davranışları karşısında öfkelendiğinde, o kişinin seni iktidar mücadelesine çekmesine izin vermiş olursun.

GENÇ: İktidar mücadelesi mi?

FİLOZOF: Örneğin çocuklar çeşitli oyunlarla ve yaramazlıklarla yetişkinleri çileden çıkarır. Çoğu zaman bunu dikkat çekmek için yaparlar ve yetişkinler gerçekten öfkeye kapılmadan hemen önce bu davranışlarını keserler. Ama karşılarındaki yetişkinler gerçekten öfkelenmeye başlamadan önce bu davranışlarına bir son vermiyorlarsa, amaçları gerçekten kavga çıkarmaktır.

GENÇ: Neden kavga çıkarmak istesinler ki?

FİLOZOF: Kazanmak istedikleri için. Kazanarak güçlerini kanıtlamak istedikleri için.

GENÇ: Bunu gerçekten de anlayamadım. Bana birkaç somut örnek verebilir misiniz?

FİLOZOF: Diyelim ki sen ve bir arkadaşın mevcut siyasi durumu tartışıyorsunuz. Çok geçmeden tartışma hararetleniyor, ikiniz de görüş farklılığını kabul etmeye yanaşmıyorsunuz, sonunda arkadaşın sana saldırmaya başlıyor; aptal olduğunu ve senin gibi insanlar yüzünden bu ülkenin değişmediğini filan söylüyor.

GENÇ: Ama birisi bana böyle bir şey söylese buna tahammül edemezdim.

FİLOZOF: Bu örnekte diğer kişinin amacı nedir? Sadece siyaset tartışmak mı? Hayır, kesinlikle değildir. Senin tahammül edilemez birisi olduğunu düşünüyor, seni eleştirip kışkırtmak istiyor, iktidar mücadelesiyle sana boyun eğdirmek istiyor. Bu noktada öfkelenirsen, onun beklediği an gelir ve ilişkiniz bir anda iktidar mücadelesine dönüşür. Seni nasıl kışkırtırsa kışkırtsın, buna kapılmamalısın.

GENÇ: Hayır, bundan kaçmaya gerek yok. Birisi kavga başlatmak istiyorsa, karşılık vermekte bir sorun yok. Çünkü olanlar zaten diğer tarafın suçudur. O salağın ağzını burnunu kırabilirsin. Sözlü olarak tabii.

FİLOZOF: Diyelim ki tartışmanın kontrolünü sen ele geçirdin. Seni alt etmek isteyen kişi de sportmence geri çekildi. Ama iktidar mücadelesi orada sona ermez. Karşı taraf tartışmayı kaybettiği için bir sonraki aşamaya geçer.

GENÇ: Bir sonraki aşama mı?

FİLOZOF: Evet. İntikam aşaması. Şimdilik geri çekilir ama başka bir yerde ve başka bir koşulda intikam almayı planlar ve misilleme yapmak üzere geri döner.

GENÇ: Nasıl mesela?

FİLOZOF: Ebeveynlerinden eziyet gören çocuk suça yönelir. Okula gitmeyi bırakır. Bileklerini keser ya da kendine zarar veren başka davranışlarda bulunur. Freud etiyolojisinde bu basit bir neden-sonuç olarak görülür: Çocuğu ebeveynleri böyle yetiştirmiştir, çocuk da o yüzden böyle olmuştur. Su verilmeyen bitkinin solması gibi. Anlaması kesinlikle kolay bir yorum. Ama Adler teleolojisi çocuğun gizlediği hedefe göz yummaz. Bu durumda anne babasından intikam alma hedefine. Çocuk suç işlerse, okula gitmeyi bırakırsa, bileklerini kesmek gibi şeyler yaparsa, anne babası üzülür. Paniğe kapılırlar ve çocukları için kaygılanmaktan perişan olurlar. Çocuk böyle olacağını bildiği için sorunlu davranışlara bulaşır. Dolayısıyla bu durum mevcut hedeften (anne babadan intikam almak) dolayı ortaya çıkar, yoksa çocuğun geçmiş nedenlerin (ev ortamı) güdümünde olmasından değil.

GENÇ: Ebeveynlerini üzmek için mi sorunlu davranışlarda bulunur?

FİLOZOF: Evet. Büyük ihtimalle birçok kişi bileklerini kesen bir çocuğun davranışına anlam veremez. "Neden böyle bir şey yaptı ki?" diye düşünürler. Ama çocuğun etrafındaki kişilerin, örneğin anne babasının bilek kesme davranışının sonucunda nasıl hissedeceğini düşünmeye çalış. Bunu düşündüğünde, davranışın ardındaki hedef kendiliğinden ortaya çıkacaktır.

GENÇ: Hedef intikam mı?

FİLOZOF: Evet. Kişilerarası ilişki intikam aşamasına vardığında, iki tarafın da bir çözüm bulması hemen hemen imkânsız hale gelir. İşte bunu önlemek için, iktidar mücadelesiyle karşı karşıya kaldığımızda asla buna kapılmamalıyız.

HATANI KABUL ETMEK YENİLGİ ANLAMINA GELMEZ

GENÇ: Peki, doğrudan kişisel saldırılara maruz kaldığımızda ne yapmamız gerekir? Sırıtıp sineye mi çekmeliyiz?

FİLOZOF: Hayır, bunları "sineye çekiyorsan" hâlâ iktidar mücadelesinden kurtulamamışsın demektir. Birisi seni kavgaya sürüklüyorsa, sen de bunun iktidar mücadelesi olduğunu seziyorsan, hemen çatışmadan uzaklaş. Onun eylemine tepkiyle karşılık verme. Yapabileceğimiz tek şey bu.

GENÇ: Ama kışkırtmaya karşılık vermemek o kadar kolay mı? Bir kere, öfkemi nasıl kontrol etmemi önerirsiniz?

FİLOZOF: Öfkeni kontrol ettiğinde "sineye çekmiş" oluyorsun, değil mi? Bunun yerine, öfke hissini kullanmadan sorunları çözmenin bir yolunu öğrenelim. Çünkü ne de olsa öfke bir araçtır. Bir hedefe ulaşmaya yönelik bir araçtır.

GENÇ: Bayağı zor bir şey.

FİLOZOF: Burada anlamanı istediğim ilk şey şu: Öfke bir iletişim biçimidir ve iletişim öfke kullanmadan da mümkündür. Öfkeye ihtiyaç duymadan düşüncelerimizi ve niyetlerimizi iletebilir ve kabul görebiliriz. Bunu deneyimleyerek anlamayı öğrenirsen, öfke hissi kendiliğinden ortaya çıkmaz.

GENÇ: Ya yalan yanlış suçlamalarla çıkışırlarsa ya da hakarete varan şeyler söylerlerse? O zaman da mı öfkelenmemem gerekir?

FİLOZOF: Henüz anlamadın. Mesele "Öfkelenmemelisin" değil. Daha ziyade, öfke aracına bel bağlamaya gerek yok. "Asabi kişiler çabuk öfkelenir" diye bir şey yoktur aslında – sadece öfkeden başka etkili iletişim araçları olduğunu bilmezler. İnsanlar bu yüzden "Birden kendimi kaybettim" ya da "Bir anda çıldırdı" gibi şeyler söyler. Bu yüzden iletişim kurmak için öfkeye başvurur hale geliriz.

GENÇ: Öfkeden başka etkili iletişim araçları...

FİLOZOF: Dil var. Dil aracılığıyla iletişim kurabiliriz. Dilin gücüne ve mantığın diline güven.

GENÇ: Elbette. Buna inanmıyor olsaydım, bu diyaloğu yapamazdık.

FİLOZOF: İktidar mücadeleleri hakkında bir şey daha söylemek istiyorum. Her türlü durumda, ne kadar haklı olduğuna inanırsan inan, diğer tarafı buna dayanarak eleştirmeye çalışma. Bu birçok kişinin düştüğü bir kişilerarası ilişki tuzağıdır.

GENÇ: Neden?

FİLOZOF: Kişilerarası bir ilişkide "Haklıyım" dediğim anda ve buna inandığım anda iktidar mücadelesine girmiş olurum.

GENÇ: Sırf haklı olduğunu düşündüğün için mi? Mümkün değil. Bu pireyi deve yapmak gibi bir şey.

FİLOZOF: "Ben haklıyım." Bu da demek oluyor ki "Sen haksızsın". Bu noktada tartışmanın odağı "iddiaların doğruluğu"ndan "kişilerarası ilişkinin durumu"na kayar. Başka bir deyişle "Haklıyım" inancı "Bu kişi haksız" varsayımını doğurur ve sonuç olarak mesele yarışa döner. "Kazanmam gerek" diye düşünmeye başlarsın. Bu da baştan aşağı iktidar mücadelesidir.

GENÇ: Hımm.

FİLOZOF: Bir kere, kişinin iddialarının doğruluğunun kazanmakla veya kaybetmekle hiçbir ilgisi yoktur. Haklı olduğunu düşünüyorsan, başkalarının görüşleri ne olursa olsun, konunun hemen oracıkta kapanması gerekir. Ama birçok kişi iktidar mücadelesine giriverir ve başkalarına boyun eğdirmeye çalışır. Zaten bu yüzden "hatayı kabul etme"yi "yenilgiyi kabul etmek" olarak düşünürüz.

GENÇ: Evet, kesinlikle böyle bir şey var.

FİLOZOF: Kişi kaybetmeyi istememe zihniyeti yüzünden hatasını kabul edemez ve durum yanlış yolu seçmesiyle sonuçlanır. Hatanı kabul etmek, özür dilemek ve iktidar mücadelesinden uzaklaşmak – bunların hiçbiri yenilgi değildir. Üstünlük arayışı da başkalarıyla yarışarak yürütülen bir şey değildir.

GENÇ: O halde kazanmaya ve kaybetmeye kafayı taktığımızda, doğru seçimleri yapma becerisini mi yitiririz?

FİLOZOF: Evet. Bunlar karar verme becerini bulandırır ve gördüğün tek şey muhtemel zafer veya yenilgi haline gelir. Sonra yanlış yola saparsın. Ancak rekabet, kazanma ve kaybetme merceğini çıkardığımızda, kendimizi düzeltmeye ve değiştirmeye başlayabiliriz.

HAYATTA KARŞIMIZA ÇIKAN GÖREVLERİN ÜSTESİNDEN GELMEK

GENÇ: Tamam ama hâlâ bir sorun var. Şu "Bütün sorunlar kişilerarası ilişki sorunlarıdır" ifadesi. Aşağılık duygusunun kişilerarası ilişkiden kaynaklanan bir sorun olduğunu ve üstümüzde mutlaka etkisi olduğunu anlayabiliyorum. Hayatın bir yarış olmadığına dair o mantıklı fikri de kabul ediyorum. Başkalarını yoldaşlar olarak göremiyorum ve içimde bir yerde onları düşman olarak düşünüyorum. Böyle olduğu açık. Ama anlayamadığım şey, Adler'in kişilerarası ilişkilere neden bu kadar önem verdiği. Neden "bütün" sorunlar diyecek kadar ileri gidiyor?

FİLOZOF: Kişilerarası ilişkiler meselesi öyle önemli ki ne kadar kapsamlı ele alınırsa alınsın, asla yeterli olmuyor. Geçen sefer sana "Mutlu olma cesaretin yok" demiştim. Bunu hatırlıyorsun değil mi?

GENÇ: Unutmaya çalışsam bile unutamam.

FİLOZOF: Tamam, o halde neden başkalarını düşman olarak görüyorsun ve onları yoldaşların olarak düşünemiyorsun? Çünkü cesaretini yitirmişsin ve "yaşam görevleri"nden kaçıyorsun.

GENÇ: Yaşam görevlerim mi?

FİLOZOF: Evet. Hayati önem taşıyan bir konu. Adler psikolojisinde insan davranışlarına ve psikolojisine yönelik açık hedefler belirlenmiştir.

GENÇ: Ne tür hedefler?

FİLOZOF: İlk olarak, davranışlara yönelik iki hedef vardır: özerk olmak ve toplumla uyum içinde yaşamak. İkincisi, psikolojinin bu davranışları destekleyen yaklaşımları: "Yapabilirim" bilinci ve "İnsanlar benim yoldaşım" bilinci.

GENÇ: Bir saniye. Bunları not alıyorum... Davranışlar için şu iki hedef var: özerk olmak ve toplumla uyum içinde yaşamak. Bir de psikolojinin bu davranışları destekleyen şu iki yaklaşımı var: "Yapabilirim" bilinci ve "İnsanlar benim yoldaşım" bilinci... Tamam, bunun hayati önem taşıyan bir konu olduğunu görebiliyorum: insanlarla ve toplumla uyum içinde yaşarken birey olarak özerk olmak. Şu âna kadar konuştuğumuz her şeyle bağlantılı gibi.

FİLOZOF: Ayrıca bu hedeflere Adler'in "yaşam görevleri" dediği şeylerle yüzleşerek ulaşılabilir.

GENÇ: Peki, yaşam görevleri nelerdir?

FİLOZOF: "Yaşam" kelimesini çocukluk döneminden itibaren ele alalım. Çocukken ebeveynlerimiz tarafından korunuruz ve çalışmak zorunda kalmadan yaşayabiliriz. Ama eninde sonunda kişinin özerk olması gereken zaman gelir. İnsan sonsuza dek ebeveynlerine bel bağlayamaz, ayrıca ruhsal ve sosyal anlamda da özerk olmak gerekir. Sonra bir iş yapması gerekir – ille bir şirkette çalışmak anlamında değil tabii. Üstelik büyüme sürecinde kişi çeşitli arkadaşlık ilişkileri kurmaya başlar. Tabii birisiyle evliliğe varan bir aşk ilişkisi de kurabilir. Öyle olursa, kişi evlilik ilişkisine başlar; sonra çocukları olursa, ebeveyn-çocuk ilişkisi başlar. Adler kişilerarası ilişkiler için bu süreçlerden ortaya çıkan üç kategori oluşturmuştur. Bunlardan "iş görevleri", "arkadaşlık görevleri" ve "sevgi görevleri" olarak söz eder ve bunlar hep birlikle "yaşam görevleri"ni oluşturur.

GENÇ: Bu görevler kişinin toplumun bir ferdi olarak yükümlülükleri midir? Yani çalışmak ve vergi ödemek gibi şeyler midir?

FİLOZOF: Hayır. Lütfen bunları sadece kişilerarası ilişkiler anlamında düşün. Yani bireyin kişilerarası ilişkilerindeki mesafe ve derinlik olarak. Adler zaman zaman bu noktayı vurgulamak için "üç sosyal bağ" ifadesini kullanmıştır.

GENÇ: Bir bireyin kişilerarası ilişkilerindeki mesafe ve derinlik mi?

FİLOZOF: Bireyin sosyal bir varlık olarak yaşamaya çalışırken yüzleşmekten zorunda olduğu kişilerarası ilişkiler – yaşam görevleri bunlardır. Bunlar gerçekten de yüzleşmekten başka seçeneğimizin olmadığı görevlerdir.

GENÇ: Daha ayrıntılı açıklayabilir misiniz?

FİLOZOF: İlk olarak iş görevlerine göz atalım. İşin içeriği ne olursa olsun, tek başına tamamlanabilecek hiçbir iş yoktur. Örneğin ben genellikle çalışma odamda kitap yazarım. Yazma eylemi bir başkasına yaptıramayacağım kadar özerk bir iştir. Ama bir de yayıncı, editör ve başkaları var; kitap tasarımcıdan basımcıya, dağıtımcıdan kitapçıya kadar pek çok insan olmadan bu işin gerçekleşmesi mümkün değildir. Bir işi başkalarıyla işbirliği olmadan tamamlamak kaidece imkânsızdır.

GENÇ: Genel olarak söylemek gerekirse, öyle sanırım.

FİLOZOF: Ama mesafe ve derinlik perspektifinden düşünüldüğünde, işle ilgili kişilerarası ilişkilerde engellerin en az seviyede olduğu söylenebilir. İşle ilgili kişilerarası ilişkilerin iyi sonuçlar elde etmek gibi kolay anlaşılır ortak bir hedefi vardır; bu yüzden insanlar her zaman anlaşmasalar bile işbirliği yaparlar ve belirli bir dereceye kadar da işbirliği yapmaktan başka seçenekleri olmaz. Bir ilişki sadece iş temelinde oluşturulduğu müddetçe, iş saatleri sona erdiğinde ya da kişi iş değiştirdiğinde tekrar bir yabancıyla kurulan ilişki haline gelir.

GENÇ: Evet, çok doğru.

FİLOZOF: Bu aşamada kişilerarası ilişkilerde tökezleyen kişilere NEİY (ne eğitimde, ne istihdamda, ne de yetiştirmede olan gençler) veya "eve kapanmışlar" denir.

GENÇ: Ha? Bir dakika! Yani çalışmak istemedikleri ya da ağır iş yapmayı reddettikleri için değil de işle ilgili kişilerarası ilişkilerden kaçınmak istedikleri için mi çalışmıyorlar?

FİLOZOF: Kendilerinin bunun bilincinde olup olmadıkları konusu bir yana, kişilerarası ilişkiler merkezi konumdadır. Örneğin bir adam iş bulmak için özgeçmişini yollar ve mülakatlara gider ama şirketler tarafından peş peşe geri çevrilir. Bu durum gururunu incitir. Bu tür şeyler yaşayacaksa, çalışmanın ne anlamı var diye düşünmeye başlar. Ya da işyerinde büyük bir hata yapar. Şirketi onun yüzünden büyük miktarda para kaybeder. Dibe vurmuş gibi büyük bir çaresizlik hisseder ve ertesi gün işe gitme düşüncesine tahammül edemez olur. Bunların hiçbiri çalışmanın tatsız hale gelmesiyle ilgili örnekler değildir. Esas tatsız olan şey yaptığımız işte başkaları tarafından eleştirilmek veya azarlanmaktır; beceriksiz, yetersiz veya iş için uygunsuz yaftası yemek ve kişinin izzetinefsinin kırılmasıdır. Başka bir deyişle her şey kişilerarası ilişki meselesidir.

KIRMIZI KURDELELER VE KIRILMAZ ZİNCİRLER

GENÇ: İtirazlarımı sonraya saklayacağım. Peki, arkadaşlık görevi nasıl bir şey?

FİLOZOF: Bu geniş anlamda arkadaşlık ilişkisi. İşten ayrı bir şey çünkü işyerinin zorunlulukları yok. Başlatması ya da derinleştirmesi zor bir ilişki.

GENÇ: Ah, işte bu doğru! Okulda ya da işyerinde kişi yine de bir ilişki geliştirebilir. Ama bu o ortamla kısıtlı, yüzeysel bir ilişki olur. Kişisel bir arkadaşlık ilişkisi başlatmak veya okul ya da işyeri dışında bir yerde bir arkadaş bulmak son derece zordur.

FİLOZOF: Yakın arkadaş diye tanımlayabileceğin birisi var mı?

GENÇ: Bir arkadaşım var. Ama onun için yakın arkadaşım diyebilir miyim emin değilim...

FİLOZOF: Benim için de aynı durum söz konusuydu. Lisedeyken arkadaş edinmeye bile çalışmazdım, günlerimi Yunanca ve Almanca çalışarak, sessizce felsefe kitapları okuyarak geçirirdim. Annem benim için endişelenip sınıf öğretmenime danışmaya gitti. Öğretmenim ona "Endişeye gerek yok. Arkadaşa ihtiyaç duymayan birisi o" dedi. Bu sözler annem için de, benim için de epey cesaretlendiriciydi.

GENÇ: Arkadaşlara ihtiyaç duymayan birisi mi? O halde lisedeyken tek bir arkadaşınız bile yok muydu?

FİLOZOF: Hayır, bir arkadaşım vardı. "Üniversitede öğrenmeye değer bir şey yok" demişti ve gerçekten de üniversiteye gitmemişti. Birkaç sene boyunca dağlarda inzivaya çekildi ve bugünlerde Güneydoğu Asya'da gazetecilik yaptığını duydum. Onu on yıllardır görmedim ama sanki yeniden bir araya gelsek, eskisi gibi vakit geçirebilirmişiz gibi hissediyorum. Birçok kişi "Ne kadar çok arkadaşım olursa o kadar iyi" diye düşünür ama bundan çok emin değilim. Bir insanın arkadaşlarının ya da tanıdıklarının sayısının hiçbir değeri yoktur. Bu da sevgi göreviyle bağlantılı bir konu ama esas düşünmemiz gereken konu, ilişkinin mesafesi ve derinliği.

GENÇ: Benim için yakın arkadaşlar edinmek mümkün olacak mı?

FİLOZOF: Tabii ki mümkün olacak. Sen değişirsen, etrafındakiler de değişir. Değişmekten başka seçenekleri kalmaz. Adler psikolojisi başkalarını değiştirmekle değil, kişinin kendisini değiştirmesiyle ilgili bir psikolojidir. Başkalarının veya durumun değişmesini beklemek yerine, ileriye doğru ilk adımı sen atarsın.

GENÇ: Hımm...

FİLOZOF: Sen de buraya beni ziyarete öylece geldin. Ben de seni genç bir arkadaş olarak gördüm.

GENÇ: Ben arkadaşınız mıyım?

FİLOZOF: Evet, öylesin. Burada sürmekte olan diyalog danışmanlık değil ve aramızdaki ilişki iş ilişkisi değil. Sen benim için yeri doldurulamayacak bir arkadaşsın. Sen öyle düşünmüyor musun?

GENÇ: Ben sizin... yeri doldurulamayacak arkadaşınız mıyım? Hayır, şu anda bu konuda hiçbir şey düşünmeyeceğim. Konuşmaya devam edelim. Ya son görev olan sevgi görevi?

FİLOZOF: Bunu iki aşamalı bir şey olarak düşün. Birincisi, aşk ilişkileri olarak bilinen ilişkilerdir; ikincisi, aileyle olan, özellikle de ebeveyn-çocuk ilişkileridir. İş ve arkadaşlıktan söz ettik ama bu üç görev arasında sevgi görevi en zor olanıdır muhtemelen. Bir arkadaş ilişkisi aşka dönüştüğünde, arkadaşlar arasında müsaade edilen konuşmalar ve davranışlar sevgili oldukları andan itibaren kabul görmeyebilir. Bu da esas olarak karşı cinsten arkadaşlarla sosyalleşmeye izin verilmemesi anlamına gelir ve bazı durumlarda, karşı cinsten birisiyle telefonla konuşmak bile kıskançlığa yol açabilir. Mesafe o kadar yakındır, ilişki de o kadar derindir.

GENÇ: Evet, sanırım bu konuda yapacak bir şey yok

FİLOZOF: Ama Adler kişinin partnerini kısıtlamasını kabul etmez. Kişi mutlu görünüyorsa, insan bu durumdan gönülden mutluluk duyabilir. Sevgi budur. İnsanların birbirlerini kısıtladıkları ilişkiler eninde sonunda bozulur.

GENÇ: Bir dakika, bu sadakatsizliği desteklemeye yol açabilecek bir argüman. Çünkü kişinin partneri başka birisiyle mutlu mesut bir ilişki yaşıyorsa, kişinin bundan bile memnun olması gerektiğini söylüyorsunuz.

FİLOZOF: Hayır, kişinin partneri dışında birisiyle ilişki yaşamasını desteklemiyorum. Şöyle düşün: Birlikte olan iki kişinin baskıcı ve gergin bir ilişkisi varsa, aralarında tutku olsa bile buna aşk denemez. "Bu kişiyle birlikteyken özgür davranabiliyorum" diye düşünebiliyorsak mümkündür aşk. Böyle bir aşk söz konusuysa, aşağılık duygusuna veya üstünlük gösterme ihtiyacına kapılmadan, sakin ve son derece doğal bir ruh hali içinde olabiliriz. Gerçek aşk böyledir. Öte yandan kısıtlama kişinin partnerini kontrol etmeye kalkışma zihniyetinin tezahürüdür, ayrıca güvensizlik hissi üstüne kurulu bir tavırdır. Sana güvenmeyen bir kişiyle aynı yerde bulunmak insanın tahammül edebileceği doğal bir durum değildir, öyle değil mi? Adler'in dediği gibi: "İki kişi iyi anlaşarak birlikte yaşamak istiyorsa, birbirine eşit kişiler olarak davranmalıdır."

GENÇ: Peki.

FİLOZOF: Ama aşk ve evlilik ilişkilerinde ayrılma seçeneği vardır. Dolayısıyla bir ilişki sıkıntılı hale geldiğinde, uzun seneler birlikte olan bir karı koca ayrılabilir. Ama ebeveyn-çocuk ilişkisinde bu ilke uygulanamaz. Romantik sevgi kırmızı bir kurdeleyle bağlı bir ilişkiyse, ebeveynler ve çocuklar arasındaki ilişkide kırılmaz zincirler söz konusudur. Elindeki tek şeyse bir makastır. Ebeveyn-çocuk ilişkisinin zorluğu budur.

GENÇ: Peki, bu konuda ne yapılabilir?

FİLOZOF: Bu aşamada şunu söyleyebilirim: Kaçmamalısın. İlişki ne kadar sıkıntı verici olursa olsun, bununla başa çıkmaktan kaçmamalı ya da sorunla yüzleşmeyi ertelememelisin. En sonunda ilişkini makasla keseceksen bile, önce onunla yüzleşmen gerekir. Yapılacak en kötü şeyse, bu durum hakkında hiçbir şey yapmamaktır. Bir insanın hayatı yapyalnız yaşaması esasen imkânsızdır ve insan sadece sosyal bağlamlarda "birey" olur. Bu yüzden Adler psikolojisinde birey olarak özerklik ve toplumda işbirliği çok önemli hedefler olarak öne sürülür. Peki, bu hedeflere nasıl ulaşabiliriz? Bu hususta Adler iş, arkadaşlık ve sevgiye dair üç görevi sırtlamaktan söz eder. Bunlar kimsenin yüzleşmekten kaçamayacağı kişilerarası ilişkilerle ilgili görevlerdir.

***

Genç adam hâlâ bu sözlerin gerçek anlamını idrak etmeye çalışıyordu.

"HAYAT YALANI"NA KANMAYIN

GENÇ: Aa, konu yine kafamı karıştırmaya başladı. Diğer insanları düşman olarak gördüğümü, yoldaşlarım olduklarını düşünemediğimi çünkü yaşam görevlerimden kaçtığımı söylemiştiniz. Bu ne anlama geliyordu?

FİLOZOF: Örneğin hoşlanmadığım Bay A diye biri var diyelim. Ondan hoşlanmıyorum çünkü affetmesi zor kusurları var.

GENÇ: Ha-ha, hoşlanmadığım birilerini arıyorsak, sürüsüne bereket.

FİLOZOF: Ama Bay A'dan kusurlarına tahammül edemediğin için hoşlanmıyor değilsin. Daha önce de Bay A'dan hoşlanmamak gibi bir hedefin vardı. Sonra da o hedefe ulaşmak için kusurlarını aramaya başladın.

GENÇ: Çok saçma! Neden böyle bir şey yapayım?

FİLOZOF: Bay A'yla kişilerarası bir ilişkiden kaçınabilmek için.

GENÇ: Kesinlikle hayır, böyle olması imkânsız. Sıralamanın tam tersi olduğu bariz. Öncelikle hoşlanmadığım bir şey yaptı, hoşlanmamamın nedeni bu. Bunu yapmamış olsaydı, ondan hoşlanmamak için bir gerekçem olmazdı.

FİLOZOF: Hayır, yanılıyorsun. Kişinin aşk ilişkisi yaşadığı birisinden ayrıldığına dair örneği düşünürsen, bunu kolaylıkla göreceksin. Sevgililer veya evli çiftler arasındaki ilişkilerde, belirli bir noktadan sonra kişinin partnerinin dediği veya yaptığı her şeye gıcık olduğu bir zaman gelir. Örneğin kadın adamın yemek yeme şeklinden hoşlanmaz, adamın evdeki pespaye görünümü kadını tiksindirir, hatta horlaması yüzünden sinirleri kalkar. Hem de birkaç ay öncesine kadar bunların hiçbiri kadını rahatsız etmediği halde.

GENÇ: Evet, bunlar tanıdık geliyor.

FİLOZOF: Kadın böyle hisseder çünkü bir noktada kendi kendine "Bu ilişkiyi sona erdirmek istiyorum" diye bir karar vermiş, bunu yapabilmek için de malzeme aramaya başlamıştır. Karşısındaki kişi hiç değişmemiştir. Değişmiş olan, kadının hedefidir. İnsanlar bu ruh haline girdiğinde, başkalarında birçok kusur ve eksiklik bulabilen çok bencil yaratıklardır. Kusursuz karaktere sahip bir insanda bile ondan hoşlanmamak için bir neden bulmakta kimse zorlanmayabilir. Zaten dünya bu yüzden tehlikeli bir yer haline gelmiştir ve herkesi düşman olarak görmek her zaman mümkündür.

GENÇ: O halde sırf yaşam görevlerimden kaçabilmek ve aslında kişilerarası ilişkilerden kaçınabilmek için mi başkalarında kusurlar uyduruyorum? Başkalarının düşman olduğunu düşünerek kaçıyor muyum?

FİLOZOF: Evet. Adler yaşam görevlerinden kaçınabilmek için her türlü bahanenin uydurulduğu bir durum olduğunu belirtmiş, buna "hayat yalanı" demiştir.

GENÇ: Peki...

FİLOZOF: Evet, sert bir ifade. Kişi mevcut durumla ilgili sorumluluğunu başkasına yükler. Her şeyin başkalarının ya da çevresinin suçu olduğunu söyleyerek hayat görevlerinden kaçar. Daha önce yüzünün kızarmasından korkan kız öğrenciyle ilgili anlattığım hikâyenin tıpatıp aynısı. Kişi hem kendisine hem de etrafındaki kişilere yalan söyler. Dikkatlice düşünecek olursan, gerçekten de sert bir ifade.

GENÇ: Ama yalan söylediğim sonucuna nasıl varabiliyorsunuz? Etrafımda ne tür kişiler olduğunu veya ne tür bir hayat sürdüğümü bilmiyorsunuz. Öyle değil mi?

FİLOZOF: Doğru, geçmişinle ilgili hiçbir şey bilmiyorum. Ne ebeveynlerini ne de abini tanıyorum. Ama bildiğim bir şey var.

GENÇ: Nedir?

FİLOZOF: Yaşam tarzına karar veren kişi başkaları değil sensin.

GENÇ: Off!

FİLOZOF: Yaşam tarzını başkaları veya çevren belirliyor olsaydı, sorumlulukları başkasına veya çevrene yüklemek kesinlikle mümkün olurdu. Ama yaşam tarzımızı kendimiz seçeriz. Sorumluluğun nerede olduğu açık.

GENÇ: Demek beni yargılıyorsunuz. Ama insanlara yalancı ve ödlek diyorsunuz. Herkesin benim sorumluluğum olduğunu söylüyorsunuz.

FİLOZOF: Bir şeylerden kaçmak için öfkenin gücünü kullanmamalısın. Bu çok önemli bir konu. Adler yaşam görevlerinden ya da hayat yalanından asla iyi veya kötü olarak söz etmez. Tartışmamız gereken, ahlak ya da iyi ve kötü değil cesaret meselesi olmalı.

GENÇ: Yine cesaret konusu!

FİLOZOF: Evet. Yaşam görevlerinden kaçınsan da, hayat yalanlarına tutunsan da, bunun sebebi kötülüklere boğulmuş olman değil. Ahlaki bir bakış açısıyla ayıplanacak bir durum değil bu. Mesele cesaret meselesi.

MÜLKİYET PSİKOLOJİSİNDEN KULLANIM PSİKOLOJİSİNE

GENÇ: Nihayet cesaretten söz ediyorsunuz değil mi? Geçen sefer Adler psikolojisinin "cesaret psikolojisi" olduğunu söylediğinizi hatırlattı bana.

FİLOZOF: Buna şöyle bir ek yapayım. Adler psikolojisi "mülkiyet psikolojisi" değil "kullanım psikolojisi"dir.

GENÇ: O halde şu ifadeden söz ediyorsunuz: "Önemli olan, kişinin neyle doğduğu değil o malzemeyi nasıl kullandığıdır."

FİLOZOF: Doğru. Hatırladığın için teşekkür ederim. Freud etiyolojisi mülkiyet psikolojisidir ve enine sonunda determinizme varır. Öte yandan Adler psikolojisi kullanım psikolojisidir. Neyi nasıl kullanacağına karar veren kişi de sensin.

GENÇ: Adler psikolojisi hem cesaret psikolojisi hem de kullanım psikolojisi...

FİLOZOF: Biz insanlar sırf etiyolojik travmaların yani neden-sonuç travmalarının insafına kaldığımız için böylesine kırılgan değiliz. Teleolojik bakış açısından, hayatımızı ve nasıl yaşayacağımızı kendimiz seçeriz. Bunu yapacak güce sahibiz.

GENÇ: Ama aşağılık kompleksimin üstesinden gelecek özgüven bende gerçekten yok. Bunun bir hayat yalanı olduğunu söyleyebilirsiniz ama muhtemelen aşağılık kompleksinden asla kurtulamayacağım.

FİLOZOF: Neden kurtulamayacağını düşünüyorsun?

GENÇ: Belki de dediğiniz doğrudur. Aslında öyle olduğundan eminim ve bende eksik olan şey gerçekten de cesaret. Hayat yalanını da kabul edebiliyorum. İnsanlarla etkileşim kurmaktan korkuyorum. Kişilerarası ilişkilerde incinmek istemiyorum ve yaşam görevlerimden kaytarmak istiyorum. Tüm bu bahaneler bu yüzden var. Evet, durum aynı dediğiniz gibi. Ama sizin söz ettiğiniz şey bir tür spiritüalizm değil mi? Aslında bana söylediğiniz tek şey "Cesaretini kaybetmişsin ve cesaretini toplaman gerek". Yanıma gelip omzuma vurarak "Neşelen biraz" diyen ve bana tavsiye verdiğini sanan şapşal öğretmenden farklı değil. Gerçi iyi olmamamın sebebi de neşeli olamamam ya.

FİLOZOF: O halde sana belirli adımlar önermemi mi istiyorsun?

GENÇ: Evet, lütfen. Ben insanım, makine değil. Bana hiç cesaretim olmadığı söylendi ama depoya benzin koyar gibi içimi bir anda cesaretle dolduramam.

FİLOZOF: Pekâlâ. Ama bu gece yine geç saatleri bulduk. Bir dahaki sefere devam edelim, olur mu?

GENÇ: Bundan kaçmıyorsunuz değil mi?

FİLOZOF: Tabii ki hayır. Bir dahaki sefere büyük bir ihtimalle özgürlüğü tartışırız.

GENÇ: Cesareti tartışmayacak mıyız?

FİLOZOF: Hayır, cesaretten söz ederken elzem olan özgürlük konusuyla ilgili konuşacağız. Bu arada özgürlüğün ne olduğu konusunda biraz düşünebilirsin.

GENÇ: Özgürlüğün ne olduğu... Tamam. Bir dahaki buluşmamızı dört gözle bekliyor olacağım.

ÜÇÜNCÜ GECE

Başkalarının Görevlerinden Kurtulmak

Sıkıntı içinde geçen iki haftanın ardından genç adam filozofu tekrar ziyaret etti. *Özgürlük nedir? İnsanlar neden özgür olamıyor? Ben neden özgür olamıyorum? Beni kısıtlayan şeyin gerçek tabiatı ne?* Kendisine verilen görev onu sıkıntıya sokmuştu ama ikna edici bir cevap bulmak imkânsız gibiydi. Genç adam bu konuyu düşündükçe özgürlükten ne kadar yoksun olduğunu fark etmeye başlamıştı.

ONAYLANMA ARZUSUNU REDDETMEK

GENÇ: Peki, bugün özgürlükten söz edeceğimizi söylemiştiniz.

FİLOZOF: Evet. Özgürlüğün ne olduğunu düşünmeye fırsatın oldu mu?

GENÇ: Evet, oldu. Bu konuyu uzun uzun düşündüm.

FİLOZOF: Herhangi bir sonuca vardın mı?

GENÇ: Aslında herhangi bir cevap bulamadım. Ama şunu buldum – gerçi kendi fikrim değil, kütüphanede Dostoyevski'nin bir romanında şöyle bir cümleye rastladım: "Para darphaneden çıkmış bir özgürlüktür." Siz ne düşünüyorsunuz? "Darphaneden çıkmış özgürlük" acayip kafa açan bir ifade değil mi? Ama sahiden inanılmaz büyülendim, tek cümlede para denen şeyi canevinden yakalıyor.

FİLOZOF: Anlıyorum. Kuşkusuz, çok genel anlamda parayla gelen şeyin esasında ne olduğunu düşünecek olursak, evet, bunun özgürlük olduğu söylenebilir. Gerçekten de dirayetli bir gözlem. Ama "Öyleyse özgürlük paradır" diyecek kadar ileri gitmezsin değil mi?

GENÇ: Tam olarak değiniz gibi. Muhtemelen parayla elde edilebilecek türde bir özgürlük vardır. Ayrıca o özgürlüğün hayal ettiğimizden çok daha büyük olduğundan da eminim. Çünkü gerçekte hayatın bütün zaruretleri mali işlemlerle halledilir. O halde büyük bir servete sahip olduğumuzda özgür mü oluruz? Öyle olduğunu sanmıyorum; kesinlikle öyle olmadığını ve insani değerlerin ve mutluluğun parayla satın alınamayacağını düşünmek isterim.

FİLOZOF: Tamam, diyelim ki mali açıdan özgürlüğe sahip oldun. Ama büyük bir zenginliğe eriştiğin halde, mutluluğu elde edemedin. Bu durumda ne tür sorunlarla ve sıkıntılarla karşılaşırdın?

GENÇ: Sanırım, sözünü ettiğiniz kişilerarası ilişkilerle ilgili sorunlarla karşılaşırdım. Bu konuyu derinlemesine düşündüm. Örneğin insan çok büyük bir servete sahip olacak kadar talihli olabilir ama onu seven kimsesi olmayabilir; arkadaş diyebileceğiniz yoldaşlarınız olmayabilir ve kimse tarafından sevilmiyor olabilirsiniz. Bu büyük bir talihsizlik. Aklımdan atamadığım bir başka şeyse "bağlar". Hepimiz bağlar denen bu iplere dolanmış halde debeleniyoruz. Örneğin önemsemediğimiz bir kişiye bağlanmak zorunda kalıyoruz veya korkunç patronumuzun değişken ruh hallerine karşı temkinli olmak zorunda kalıyoruz. Düşünsenize, böyle tırı vırı kişilerarası ilişkilerden kurtulabilsek, her şey ne kadar kolay olurdu! Ama kimse böyle bir şey yapamaz. Nereye gidersek gidelim, etrafımız başkalarıyla çevrili ve bizler başkalarıyla kurduğu ilişkilerle var olan sosyal bireyleriz. Ne yaparsak yapalım, kişilerarası ilişkilerimizin bizi bağlayan sıkı halatlarından kaçamıyoruz. Adler'in "Bütün sorunlar kişilerarası ilişki sorunlardır" ifadesinin nasıl da muhteşem bir içgörü olduğunu şimdi anlıyorum.

FİLOZOF: Bu çok önemli bir husus. Biraz daha derinlere gidelim. Kişilerarası ilişkilerimizde özgürlüğü elimizden alan şey nedir?

GENÇ: Geçen sefer bahsettiğiniz mesele: Kişi başkalarını yoldaşlar olarak mı yoksa düşmanlar olarak mı görüyor? Başkalarını yoldaşları olarak gördüğünde dünyaya bakış açısı da değişecektir demiştiniz. Kesinlikle mantıklı. Geçen gün buradan ayrılırken, buna gerçekten de ikna olmuştum. Ama sonra ne oldu? Bu konuyu uzun uzun düşündüm ve kişilerarası ilişkilerin tam olarak açıklanamayan birtakım unsurları olduğunu fark ettim.

FİLOZOF: Ne gibi?

GENÇ: En bariz olanı, ebeveynlerin varlığı. Ebeveynlerimi asla düşmanım olarak düşünemem. Özellikle de çocukluk dönemimde, onlar beni yetiştiren, koruyan ve gözeten kişilerdi. Bu açıdan, onlara gerçekten de minnettarım. Yine de annemle babamın katı olduklarını söyleyebilirim. Size geçen sefer anlatmıştım, beni hep abimle kıyasladılar ve olduğum gibi kabul etmediler. Ayrıca sürekli hayatımla ilgili yorumlar yaptılar; "Daha çok çalışman gerek", "Kötü arkadaşlar edinme", "En azından şu üniversiteye gir", "Şöyle bir iş bul bari" gibi şeyler söylediler. Bu talepleri üzerimde büyük bir baskı oluşturdu ve bunlar kesinlikle beni bağlayan şeyler oldu.

FİLOZOF: Peki, sen ne yaptın?

GENÇ: Sanırım, üniversiteye başlayana dek ebeveynlerimin isteklerini asla gözardı edemedim. Sürekli kaygılıydım ve bu tatsız bir histi ama işin aslı şu ki benim isteklerim her zaman ebeveynlerimin istekleriyle örtüşüyor gibiydi. Ama çalıştığım işi kendim seçtim.

FİLOZOF: Hazır konu açılmışken, henüz bu konuda bir şey duymadım. Ne tür bir iş yapıyorsun?

GENÇ: Bir üniversite kütüphanesinde kütüphaneci olarak çalışıyorum. Annemle babam babamın matbaasında çalışmamı istedi, çünkü abim öyle yaptı. Bu yüzden şu anki işime başladığım günden beri ilişkimiz biraz sıkıntıya girdi. Onlar ebeveynlerim değil de hayatımdaki düşman varlıklar olsalardı, büyük ihtimalle hiç umursamazdım. Ama bana ne kadar müdahale etmeyi denedilerse de onları her zaman atlatmayı başardım. Fakat dediğim gibi, ebeveynlerim benim düşmanım değil. Yoldaş olup olmadıklarıysa ayrı bir konu ama en azından düşman olduklarını söyleyemem. İsteklerini göz ardı edemeyeceğim kadar yakın bir ilişki içindeydik.

FİLOZOF: Ebeveynlerinin isteği doğrultusunda üniversite tercihini yaptığında, onlara karşı ne hissettin?

GENÇ: Bu biraz karmaşık. Onlara gücendiğimi hissettim, öte yandan rahatlama da hissettim. Anlarsınız ya, o okula gidersem, beni onaylamalarını sağlayabilirim diye düşündüm.

FİLOZOF: Seni onaylamalarını sağlamak mı?

GENÇ: Yapmayın, esas sorunların etrafından dolanmayı bırakalım. Eminim ki neden söz ettiğimi biliyorsunuz. "Onaylanma arzusu" denen şey işte. Kişilerarası ilişki sorunlarının özeti. Biz insanlar sürekli olarak başkalarından onay görme ihtiyacıyla yaşıyoruz. Tam da başkaları iğrenç düşmanlar olmadıkları için onlardan onay bekliyoruz, öyle değil mi? Dolayısıyla evet, bu doğru; ebeveynlerimden onay görmek istedim.

FİLOZOF: Anlıyorum. Bu konuyla ilgili olarak Adler psikolojisinin temel önermelerinden birini ele alalım. Adler psikolojisi başkalarından onay görme ihtiyacını reddeder.

GENÇ: Onay görme ihtiyacını ret mi eder?

FİLOZOF: Başkalarından onay görmeye gerek yoktur. Aslında onay görme peşinde olmamalıyız. Bu husus ne kadar vurgulansa azdır.

GENÇ: Olamaz! Onaylanma arzusu bütün insanları motive eden gerçek bir evrensel arzu değil midir?

BAŞKALARININ BEKLENTİLERİNİ KARŞILAMAK İÇİN YAŞAMAYIN

FİLOZOF: Başkaları tarafından onay görmek elbette insanı mutlu eden bir şeydir. Ama onay görmenin kesinlikle gerekli olduğunu söylemek yanlış olur. Bir kere, insan niye onay görmek ister ki? Ya da daha açık söylemek gerekirse, insan neden başkaları tarafından övülmek istesin?

GENÇ: Basit. Her birimiz ancak başkalarından onay gördüğümüzde gerçekten değerli olduğumuzu hissederiz. İnsan başkalarından onay görerek aşağılık duygularını giderebilir. İnsan bu şekilde kendine güvenmeyi öğrenir. Evet, bu bir değer meselesi. Sanırım geçen sefer söylemiştiniz: Aşağılık kompleksi bir değer yargısı meselesidir. Ebeveynlerimden hiç onay görmediğim için, aşağılık duygularıyla geçti hayatım.

FİLOZOF: Şimdi, tanıdık bir ortamı düşünelim. Örneğin işyerinde çöpleri topladığını farz edelim. Ama kimse bunu fark etmiyor. Ya da fark ediyorlarsa bile, kimse yaptığın şeyi takdir etmiyor veya tek bir teşekkür bile etmiyor. O andan sonra çöp toplamaya devam eder misin?

GENÇ: Zor bir durum. Kimse yaptıklarımı takdir etmiyorsa, muhtemelen bunu yapmayı bırakırdım.

FİLOZOF: Neden?

GENÇ: Herkes çöp toplayabilir. Kolları sıvayıp bu işi ben hallediyorum ama kimse bana teşekkür etmiyor? Sanırım motivasyonumu yitirirdim.

FİLOZOF: Onaylanma arzusunun tehlikeli tarafı budur. İnsanlar neden başkalarından onay görmek ister? Bu çoğu zaman ödül ve ceza eğitiminin etkisinden ötürüdür.

GENÇ: Ödül ve ceza eğitimi mi?

FİLOZOF: Doğru şeyler yaptığında övgü almak; doğru olmayan şeyler yaptığında ceza almak. Adler ödül ve ceza eğitimini çok eleştirmiştir. Çünkü bu sistem insanları hatalı yaşam tarzlarına sevk eder ve böylece insanlar şöyle düşünmeye alışır: "Kimse beni övmeyecekse, doğru şeyler yapmam; kimse beni cezalandırmayacaksa, doğru olmayan şeyler yaparım." Çöpleri toplamaya başladığında, daha en baştan övülme isteğiyle yaparsın bunu. Kimseden övgü almadığında ya gücenirsin ya da bir daha asla böyle bir şey yapmamaya karar verirsin. Belli ki burada bir terslik var.

GENÇ: Hayır! Keşke her şeyi önemsiz hale getirmeseniz. Ben eğitimi tartışmıyorum. Sevdiğimiz kişilerden onay görmek istemek, yakınımızdaki insanlardan kabul görmek istemek normal bir arzudur.

FİLOZOF: Fena halde yanılıyorsun. Başkalarının beklentilerini karşılamak için yaşamıyoruz.

GENÇ: Ne demek istiyorsunuz?

FİLOZOF: Sen de ben de başkalarının beklentilerini karşılamak için yaşamıyoruz. Başkalarının beklentilerini karşılamak zorunda değiliz.

GENÇ: Son derece bencilce bir argüman bu! İnsan sadece kendini düşünerek ve kendini gözeterek mi yaşamalı? Bunu mu söylüyorsunuz?

FİLOZOF: Sözgelimi Yahudilikte şöyle bir düşünce vardır: Hayatını kendin için yaşamıyorsan, kim senin için yaşayacak? Kendi hayatını sadece sen yaşarsın. Hayatını kimin için yaşıyorsun? Tabii ki kendin için. Hayatını kendin için yaşamıyorsan, senin yerine kim yaşayabilir? Nihayetinde "ben" diye düşünerek yaşarız. Bu şekilde düşünmememiz için hiçbir neden yoktur.

GENÇ: Demek nihilizm zehrinden nasibinizi almışsınız. Nihayetinde "ben" diye düşünerek yaşadığımızı mı söylüyorsunuz? Üstelik bunun iyi bir şey olduğunu mu söylüyorsunuz? Ne berbat bir düşünce tarzı!

FİLOZOF: Bu kesinlikle nihilizm değil. Hatta tam tersi. İnsan başkalarından onay görmeyi istediğinde ve sadece başkaları tarafından nasıl yargılandığını önemsediğinde, sonunda başkalarının hayatını yaşamaya başlar.

GENÇ: Bu ne anlama geliyor?

FİLOZOF: Onay görmeyi çok istemek başkalarının beklentilerine bağlı bir hayat yaşamana neden olur, zira onlar senin "şöyle bir insan" olmanı ister. Başka bir deyişle gerçekten kim olduğunu bir tarafa bırakırsın ve başkalarının hayatını yaşarsın. Ayrıca lütfen şunu unutma: Başkalarının beklentilerini karşılamak için yaşamıyorsan, başkaları da senin beklentilerini karşılamak için yaşamıyor demektir. Birisi senin istediğin gibi davranmayabilir ama bunu seni öfkelendirmek için yapmaz. Bu gayet doğal bir şey.

GENÇ: Hayır, öyle değil! Toplumumuzu temelden sarsan bir iddia bu. Bakın, onay görme arzumuz var. Ama başkalarından onay görebilmek için, öncelikle bizim başkalarını onaylamamız gerekir. Ancak başka insanları ve başka değer sistemlerini onaylamamızdan ötürüdür ki başkalarından onay görürüz. Toplumumuz bu karşılıklı onay ilişkisi üstüne inşa edilmiştir. Sizin argümanınız insanları yalnızlığa itecek ve çatışmalara yol açacak iğrenç ve tehlikeli bir düşünce tarzı. Gereksiz yere güvensizlik ve şüphe uyandıracak şeytani bir senaryo.

FİLOZOF: Ha-ha, gerçekten de ilginç bir kelime haznen var. Sesini yükseltmene gerek yok, hadi bu konuyu birlikte düşünelim. Diyorsun ki kişinin onay görmesi gerekir, aksi takdirde sıkıntı çeker. Başkalarından ve ebeveynlerinden onay görmezse, özgüvene sahip olamaz. Peki, bu tür bir hayat sağlıklı olabilir mi? Şunun gibi bir şey: "Tanrı beni izliyor, o yüzden iyi ameller biriktirmeliyim." Ama bu mantık ve "Tanrı yoktur, o yüzden bütün kötü eylemler mubahtır" diyen nihilist düşünce tarzı aynı madalyonun iki yüzü gibidir. Tanrı'nın var olmadığını ve Tanrı'dan onay göremeyeceğimizi varsaysak bile bu hayatı yaşamamız gerekir. Tanrısız bir dünyanın nihilizmini aşabilmek için, başkalarından onay görmeyi reddetmemiz gerekir.

GENÇ: Tanrı'yla ilgili bu laflar beni ilgilendirmiyor. Gündelik hayattaki gerçek insanların zihniyetini daha açık ve daha basit bir şekilde düşünelim. Örneğin sosyal açıdan onaylanma arzusuna ne diyeceksiniz? Bir insan neden mesleğinde yükselmek ister? Neden statü ve şöhret arar? Toplumun tamamı tarafından önemli biri olarak görülme, onaylanma arzusu yüzünden.

FİLOZOF: O halde bu onayı gördüğünde gerçek anlamda mutluluğu bulacak mısın? Sosyal statü sahibi kişiler gerçek anlamda mutlu mudur?

GENÇ: Hayır, ama bu...

FİLOZOF: Başkalarından onay görmeye çalışırken, hemen hemen herkes başkalarının beklentilerini karşılamayı bu amaca yönelik bir araç olarak kullanır. Bu durum ceza ve ödül mantığıyla da örtüşür: "Doğru şeyler yaparsan övgü alırsın." Örneğin işindeki temel görevin başkalarının beklentilerini karşılamaksa, o iş senin için çok zor olacaktır. Çünkü her zaman insanların gözünün sende olduğuna dair endişe duyacaksın ve onların yargılarından korkacaksın. Böylece "ben olma" halini bastıracaksın. Bu seni şaşırtabilir ama bana danışmanlık almaya gelen kişilerin neredeyse hiçbiri bencil kişiler değil. Daha ziyade başkalarının, ebeveynlerinin ve öğretmenlerinin beklentilerini karşılamak konusunda sıkıntı çeken kişiler. Dolayısıyla benmerkezli davranamayan kişiler.

GENÇ: O zaman bencil mi olmalıyım?

FİLOZOF: Başkalarını düşünmeden hareket etmemelisin. Bunu anlayabilmek için, Adler psikolojisinde "görev ayrımı" olarak bilinen kavramı anlaman gerekir.

GENÇ: Görev ayrımı mı? Yeni bir terim daha. Bu konudaki açıklamanızı duymak isterim.

***

Genç adamın rahatsızlığı doruk noktasına ulaşmıştı. *Onaylanma arzusunu reddetmek mi? Başkalarının beklentilerini karşı-*

lamamak mı? Daha benmerkezli yaşamak mı? Bu filozof neden söz ediyordu? Onaylanma arzusu zaten insanların birbiriyle ilişki kurması ve toplumu oluşturması için en büyük motivasyon kaynağı değil miydi? Genç adam "Ya bu 'görev ayrımı' fikri beni ikna etmezse?" diye düşündü. *Bu adamı da, dolayısıyla Adler'i de hayatımın sonuna kadar kabul edemem.*

GÖREVLER NASIL AYRILIR

FİLOZOF: Diyelim ki ders çalışmakta zorlanan bir çocuk var. Sınıfta derslerine dikkatini vermiyor, ödevlerini yapmıyor, hatta kitaplarını okulda bırakıyor. Şimdi, bu çocuğun babası olsaydın ne yapardın?

GENÇ: Kendini derslerine vermesi için her şeyi yapardım elbette. Özel öğretmenler tutar, kulağından tutup götürmem gerekse bile bir etüt merkezine gitmesini sağlardım. Bunun ebeveynlik görevi olduğunu söylerdim. Doğrusu ben de böyle yetiştirildim. O günkü ödevimi yapana dek akşam yemeği yememe izin verilmezdi.

FİLOZOF: O halde başka bir soru sorayım. Böyle sıkı şartlar altında zorla yaptırılınca ders çalışmaktan keyif almayı öğrenebildin mi?

GENÇ: Ne yazık ki öğrenemedim. Sadece rutin olarak derslerimle ve sınavlarla ilgilendim.

FİLOZOF: Anlıyorum. Peki, bunu Adler psikolojisinin temel bakış açısıyla ele alalım. Örneğin kişi ders çalışma göreviyle karşı karşıya kaldığında, Adler psikolojisinde buna "Bu kimin görevi?" diye bakarak düşünürüz.

GENÇ: Kimin görevi diye mi?

FİLOZOF: Çocuğun ders çalışıp çalışmaması. Dışarı çıkıp arkadaşlarıyla oyun oynayıp oynamaması. Esas olarak, bunlar ebeveynin değil çocuğun görevleridir.

GENÇ: Bunun çocuğun yapması gereken bir şey olduğunu mu söylüyorsunuz?

FİLOZOF: Basitçe, evet. Ebeveynlerin çocuğun yerine ders çalışması anlamsız olurdu değil mi?

GENÇ: Evet, anlamsız olurdu.

FİLOZOF: Ders çalışmak çocuğun görevidir. Bir ebeveynin çocuğa ders çalışmasını emrederek bu konuyu çözmeye çalışması aslında başkasının görevine müdahaledir. Böyle yapıldığında muhakkak çatışma çıkacaktır. "Bu kimin görevi?" perspektifinden düşünmemiz ve sürekli kendi görevlerimizi başkalarının görevlerinden ayırmamız gerek.

GENÇ: Peki bunları nasıl ayırabiliriz?

FİLOZOF: Başkalarının görevlerine müdahale etmeyerek. Hepsi bu.

GENÇ: Hepsi bu mu?

FİLOZOF: Genel olarak bütün kişilerarası ilişki sorunları başkalarının görevlerine müdahale etmekle veya kişinin görevlerine müdahale edilmesiyle ortaya çıkar. Görevi ayrımı yapmak başlı başına kişilerarası ilişkilerimizi önemli ölçüde değiştirecektir.

GENÇ: Hımm. Bunu pek anlayamadım. Bir kere, neyin kimin görevi olduğunu nasıl anlarsınız? Bana kalırsa, gerçekçi konuşmak gerekirse, çocuğun ders çalışmasını sağlamak ebeveynlerin görevidir. Çünkü hemen hemen hiçbir çocuk keyfinden çalışmaz ve sonuç olarak ebeveyn çocuğun velisidir.

FİLOZOF: Kimin görevi olduğunu anlamanın basit bir yolu var. Şöyle düşünelim: Yapılan seçimin yarattığı nihai sonucu en nihayetinde kim yaşayacak? Çocuk çalışmamayı tercih ederse, en nihayetinde bu kararın sonucunu –örneğin derslerinden geri kalmak veya tercih edilen okula girememek– ebeveynler yaşamayacak. Bunun neticesinde olanları çocuk yaşayacak. Başka bir deyişle ders çalışmak çocuğun görevidir.

GENÇ: Hayır, hayır. Tamamıyla yanılıyorsunuz. Hayatta daha deneyimli olan ve aynı zamanda bir veli olarak davranan ebeveyn bu tür durumlar oluşmasın diye çocuğu ders çalışmaya teşvik etmekle yükümlüdür. Çocuğun iyiliği için yapılan bir şeydir bu ve müdahalecilik değildir. Ders çalışmak çocuğun görevidir ama çocuğun çalışmasını sağlamak ebeveynin görevidir.

FİLOZOF: Günümüzde ebeveynlerin sık sık "Senin iyiliğin için" dediğini duyarız. Ama belli ki bunu kendi hedeflerine erişmek için söylerler; örneğin toplum gözünde iyi görünmek, hava atma ihtiyacı, kontrol arzusu gibi şeyler söz konusudur burada. Başka bir deyişle "çocuğun iyiliği için" değil "ebeveynlerin iyiliği için" böyle yapılır. Çocuk bu aldatmacayı gördüğü için isyan eder.

GENÇ: O halde çocuk hiç ders çalışmıyor olsa da, ders çalışmak onun görevi olduğu için buna izin vermek gerektiğini mi söylüyorsunuz?

FİLOZOF: Göz kulak olmak gerek. Ama Adler psikolojisi "hiç karışmama" yaklaşımını önermez. Hiç karışmamak çocuğun ne yaptığından bihaber olmaktır, hatta çocuğun ne yaptığını öğrenmekle ilgilenmemektir. Çocuğunun ne yaptığını bilerek onu koruruz. Mesele ders çalışmaksa, çocuğa bunun onun görevi olduğunu söyleriz ve ne zaman ders çalışmak isterse ona yardım etmeye hazır olduğumuzu belirtiriz. Ama çocuğun görevine müdahale edilmemesi gerekir. Ortada bir rica yoksa, birisinin işine karışmamak gerekir.

GENÇ: Ebeveyn-çocuk ilişkisinin ötesine geçen bir şey mi bu?

FİLOZOF: Evet, elbette. Örneğin Adler psikolojisini izleyen danışmanlık türünde, danışanın değişip değişmemesini danışmanın görevi olarak görmeyiz.

GENÇ: Ne demek istiyorsunuz?

FİLOZOF: Danışmanlık almanın sonucunda danışan kişi ne tür bir karar verecektir? Danışan, yaşam tarzını değiştirecek midir değiştirmeyecek midir? İşte bu, danışanın görevi. Danışman buna müdahale edemez.

GENÇ: Mümkün değil, böylesine sorumsuz bir tavrı kabul edemem!

FİLOZOF: Doğal olarak olabildiğince yardımcı olmaya çalışırız. Ama bunun ötesinde danışana müdahale etmeyiz. Belki şu atasözünü biliyorsundur: "Atı su kenarına götürebilirsin ama ona zorla su içiremezsin." Adler psikolojisinde de danışmanlık ve genel olarak başkalarına yardım etmek bu perspektiften düşünülür. Kişinin niyetini gözardı ederek onu değişmeye zorlamak sadece yoğun bir tepkiye neden olur.

GENÇ: Danışman danışanın hayatını değiştirmez mi?

FİLOZOF: Kendini değiştirebilecek tek kişi sensin.

BAŞKALARININ GÖREVLERİNDEN KURTULMAK

GENÇ: Peki, şu "eve kapanmışlar"a* ne diyorsunuz? Yani arkadaşım gibi birisini düşünelim. Bu durumda da görev ayrımı yapmak ve müdahale etmemek gerektiğini, bunun ebeveynleriyle bir ilgisi olmadığını mı söylerdiniz?

FİLOZOF: Eve kapanma halinden kurtulabilir mi? Ya da bundan nasıl kurtulabilir? İlkece kişinin kendi halletmesi gereken bir görevdir bu. Ebeveynlerin müdahale etmemesi gerekir. Yine de ebeveynler tamamıyla yabancı kişiler olmadıkları için, bir şekilde yardım edebilirler. Bu noktada en önemli şey şudur: Çocuk bir ikilem yaşadığında ebeveynlerine dürüstçe danışabileceğini hissediyor mu ve aralarında düzenli olarak yeterli bir güven ilişkisi kuruyorlar mı?

GENÇ: O zaman farz edin ki kendi çocuğunuz eve kapandı. Siz ne yapardınız? Buna filozof olarak değil ebeveyn olarak cevap verin lütfen.

FİLOZOF: İlk olarak "Bu, çocuğun görevi" diye düşünürdüm. Onun eve kapanma haline müdahale etmemeye çalışır, buna fazla odaklanmaktan kaçınırdım. Sonra ne zaman ihtiyaç duyarsa yar-

---

* Japonya'da *hikikomori* olarak bilinen yaşam tarzı. (e.n.)

dım etmeye hazır olduğuma dair bir mesaj verirdim. Bu şekilde, çocuk ebeveyninde bir değişiklik olduğunu sezer ve ne yapması gerektiğini düşünmeyi kendi görevi haline getirmekten başka bir seçeneği kalmaz. Muhtemelen gelip yardım ister ve büyük ihtimalle kendisi bir çözüm bulmaya çalışır.

GENÇ: Kendi çocuğunuz eve kapanmış olsaydı, gerçekten de bu kadar soğukkanlı ve net davranabilir miydiniz?

FİLOZOF: Çocuğuyla arasındaki ilişkide sıkıntı çeken bir ebeveyn "Çocuğum benim bütün hayatım" diye düşünmeye meyleder. Başka bir deyişle ebeveyn çocuğun görevlerini kendisi üstlenir ve çocuğundan başka bir şey düşünemeyecek hale gelir. Ebeveyn nihayet bunu fark ettiğinde, "ben" diye bir şeyin çoktandır hayatından çıktığını görür. Ama kişi çocuğun görevlerinin yükünün ne kadarını taşırsa taşısın, çocuk yine de bağımsız bir bireydir. Çocuklar ebeveynlerinin istediği kişi olmazlar. Üniversite seçimlerinde, iş ve eş seçimlerinde, hatta günlük konuşmalarında ve davranışlarında ebeveynlerinin isteklerine göre davranmazlar. Haliyle ebeveynleri onlar için endişelenir ve muhtemelen zaman zaman müdahale etmek isterler. Ama daha önce de dediğim gibi, başkaları senin beklentilerini karşılamak için yaşamaz. Ebeveynliğe gelince, çocuk senin çocuğundur, evet ama senin beklentilerini karşılamak için yaşamaz.

GENÇ: O halde aileyle bile aramızda bir çizgi çekmemiz mi gerekir?

FİLOZOF: Aslında ailelerle daha az mesafe söz konusu. Dolayısıyla görevleri bilinçli olarak ayırmak daha da elzem hale geliyor.

GENÇ: Hiç mantıklı değil. Bir yandan sevgiden söz ediyorsunuz, diğer yandan bunu inkâr ediyorsunuz. Kendinizle başkaları arasında bu şekilde çizgi çekerseniz, artık kimseye inanamaz olursunuz!

FİLOZOF: İnanma eylemi de görev ayrımıdır. Partnerine inanırsın, bu senin görevin. Ama o kişinin senin beklentilerine ve güvenine ilişkin nasıl davrandığı onun görevidir. O çizgiyi çekmeden isteklerini dayattığında, farkına bile varmadan gizlice müdahalede bulunmuş olursun. Diyelim ki partnerin istediğin gibi davranmadı. Bu kişiye hâlâ güvenebilir misin? Bu kişiyi hâlâ sevebilir misin? Adler'in sözünü ettiği sevgi görevi bu tür meselelerden oluşur.

GENÇ: Zor! Çok zor.

FİLOZOF: Tabii ki zor. Ama şöyle düşünelim: Başkalarının görevlerine karışmak ve bunları üstlenmek insanın kendi hayatını ağırlaştırır ve zorlaştırır. Kaygılı ve sıkıntılı bir hayat yaşıyorsan –ki bunlar kişilerarası ilişkilerden kaynaklanır– öncelikle "Buradan itibaren bu benim görevim değil" sınırını öğrenmen gerekir. Yükleri hafifletmenin ve hayatı basitleştirmenin ilk adımı budur.

KİŞİLERARASI İLİŞKİLERDEN KAYNAKLANAN SORUNLARDAN NASIL KURTULURUZ

GENÇ: Bilemiyorum, aklıma yatmıyor.

FİLOZOF: O halde ebeveynlerinin çalıştığın işe şiddetle karşı çıktığı bir durum hayal edelim. Zaten karşı çıkmışlardı değil mi?

GENÇ: Evet, karşı çıkmışlardı. Şiddetle karşı çıktıklarını söyleyecek kadar ileri gidemem ama iğneleyici sözler söylemişlerdi.

FİLOZOF: Tamam, biraz abartalım ve şiddetle karşı çıktıklarını düşünelim. Baban hararetle söylenip duruyor, annen de gözleri dolmuş bir halde kararına itiraz ediyor olsun. Kesinlikle kütüphaneci olmanı istemiyorlar ve abin gibi aile işinin başına geçmediğin takdirde seni pekâlâ evlatlıktan reddedebilecek haldeler. Ama "tasvip etmeme" duygusuyla başa çıkmak senin görevin değil ebeveynlerinin görevi. Senin dert etmen gereken bir sorun değil.

GENÇ: Bir dakika. Ebeveynlerimi ne kadar üzdüğümün hiçbir önemi olmadığını mı söylüyorsunuz?

FİLOZOF: Evet. Bir önemi yok.

GENÇ: Şaka yapıyor olmalısınız! Vefasız bir evlat gibi davranmayı tavsiye eden bir felsefe mi olurmuş!

FİLOZOF: Kendi hayatınla ilgili yapabileceğin tek şey inandığın en iyi yolu seçmek. Öte yandan başkaları bu seçim karşısında nasıl bir yargıda bulunacak? Bu başkalarının görevi ve senin bir şey yapabileceğin bir konu değil.

GENÇ: Bir başkasının benim hakkımda ne düşündüğü, benden hoşlanıp hoşlanmadığı benim değil o kişinin görevi. Bunu mu söylüyorsunuz?

FİLOZOF: Ayırmak budur. Başkalarının sürekli gözünün sende olduğuna dair kaygı duyuyorsun. Başkaları tarafından yargılanacağından endişeleniyorsun. Bu yüzden sürekli başkalarından onay bekliyorsun. Peki, başkalarının sürekli gözünün sende olmasını neden dert ediyorsun? Adler psikolojisinin buna verdiği kolay bir cevap var: Henüz görev ayrımı yapmamışsın. Başkalarına ait olan görevlerin bile sana ait olduğunu düşünüyorsun. Daha önce bahsettiğim büyükannenin sözlerini hatırla: "Nasıl göründüğünü bir tek sen dert ediyorsun." Bu söz görev ayrımı meselesiyle birebir örtüşüyor. Başkaları senin yüzüne baktığında ne düşünüyor – işte bu başkalarının görevidir ve kontrol sahibi olduğun bir şey değildir.

GENÇ: Teoride bunu anlayabiliyorum. Mantık olarak aklıma yatıyor. Ama duygularım böyle tepeden inme bir argümanı kabul edemiyor.

FİLOZOF: O halde başka bir yoldan gidelim. Farz et ki çalıştığı şirketteki kişilerarası ilişkiler konusunda sıkıntı çeken bir adam var. Adamın patronu akıl mantıktan nasibini almamış biri ve her fırsatta ona bağırıp çağırıyor. Adam ne kadar çaba sarf ederse etsin, patronu bu çabaları görmüyor, hatta onun ne dediğini hiçbir zaman dinlemiyor.

GENÇ: Tıpkı benim patronum gibi.

FİLOZOF: Ama patronundan kabul görmeyi işteki en büyük önceliğin sayar mısın? Çalıştığın yerde insanlar tarafından sevilmek değil senin işin. Patronun senden hoşlanmıyor. Senden hoşlanmama nedenleri de gayet mantıksız. Ama bu durumda ona yaranmaya çalışman da gerekmiyor.

GENÇ: Kulağa doğru geliyor ama bu kişi patronum, değil mi? Amirim tarafından terslenirsem, işimi yapamam.

FİLOZOF: Bu da yine Adler'in hayat yalanı mefhumuna bağlanıyor. "İşimi yapamıyorum çünkü patronum beni tersliyor." "İşimin iyi gitmemesi patronumun suçu." Bu tür şeyler söyleyen kişi işin iyi gitmemesine bahane olarak patronunun varlığını öne sürüyor. Kızarma korkusuna ihtiyaç duyan kız öğrenci gibi, senin de berbat bir patronunun varlığına ihtiyacın var. Çünkü o zaman "Patronum böyle olmasaydı, daha fazla iş yapabilirdim" diyebilirsin.

GENÇ: Hayır, patronumla aramdaki ilişkiyi bilmiyorsunuz! Böyle gelişigüzel tahminlerde bulunmasanız keşke.

FİLOZOF: Adler psikolojisinin temel ilkelerini ele alıyoruz şu anda. Öfkelenirsen, hiçbir şey anlayamazsın. "Patronum öyle olduğu için çalışamıyorum" diye düşünüyorsun. Ama bu tamamıyla etiyolojik düşünme biçimi. Aslında durum şu: "Çalışmak istemiyorum, o yüzden berbat bir patron yaratacağım" ya da "Beceriksiz olduğumu kabullenmek istemiyorum, o yüzden berbat bir patron yaratacağım". Teleolojik perspektifin bu konuya bakışı böyle.

GENÇ: Standart teleolojik yaklaşımınızla öyle görünüyor olabilir ama benim durumum farklı.

FİLOZOF: O zaman görev ayrımı yaptığını düşünelim. Durum nasıl olurdu? Yani patronun mantıksız öfkesini sana yöneltmeye ne kadar çalışırsa çalışsın, bu senin görevin değil. Mantıksız duygularla uğraşmak patronunun kendi görevidir. Ona yaranmaya çalışmana veya önünde boyun eğmene gerek yok. "Yapmam gereken şey, hayatımda kendi görevlerimle yalan söylemeden yüzleşmek" diye düşünmelisin.

GENÇ: Evet ama bu...

FİLOZOF: Hepimiz kişilerarası ilişkiler yüzünden sıkıntı çekiyoruz. Bunlar kişinin ebeveynleriyle ya da abisiyle ilişkileriyle ilgili sorunlar da olabilir, işyerindeki kişilerarası ilişkilerle ilgili sorunlar da olabilir. Geçen sefer, belirli adımlar duymak istediğini söylemiştin. O halde önerim şu. Öncelikle "Bu kimin görevi?" diye sor. Sonra görev ayrımı yap. Bunun ardından kendi görevlerinin hangi noktaya kadar uzandığını ve hangi noktadan itibaren başka birinin görevi olduğunu sakin sakin düşün. Ayrıca başkalarının görevlerine müdahale etme ve başkalarının da senin görevlerine müdahale etmesine izin verme. Bu, Adler psikolojisine özgü devrimsel nitelikte bir yaklaşımdır ve kişinin kişilerarası ilişkileriyle ilgili sorunlarını tamamıyla değiştirme potansiyeli taşır.

GENÇ: Aha. Bugünün konusunun özgürlük olduğunu söylediğinizde ne demek istediğinizi anlamaya başladım.

FİLOZOF: Evet. Şimdi özgürlükten söz edeceğiz.

"GORDİON DÜĞÜMÜ"NÜ ÇÖZMEK

GENÇ: Kişi görev ayrımını anlar ve bunu pratiğe dökerse, kişilerarası ilişkilerinin bir anda özgürleşeceğinden eminim. Ama bunu hâlâ kabul edemiyorum.

FİLOZOF: Devam et. Dinliyorum.

GENÇ: Teoride görev ayrımının tamamıyla doğru olduğunu düşünüyorum. Başkalarının hakkımda ne düşündüğü veya hakkımda ne tür yargılara vardığı başkalarının görevi ve bu konuda yapabileceğim bir şey yok. Ayrıca hayatımda yapmam gereken şeyleri yalan söylemeden yapmam gerek. Bunun hayatın bir gerçeği olduğunu söyleseydiniz, hiçbir sorun yaşamazdım – bu derece doğru olduğuna inanıyorum. Ama şunu düşünün: Etik ya da ahlaki bir bakış açısından, bunun yapılması gereken doğru şey olduğu söylenebilir mi? Yani kişinin başkalarıyla arasına sınırlar çektiği bir yaşam tarzı. Çünkü başkaları sizin için her endişelendiklerinde ve iyi olup olmadığınızı sorduklarında, onları kale almayıp "Bana karışmayın!" diyemezsiniz. Bu bana başkalarının iyi niyetini çiğnemek gibi geliyor.

FİLOZOF: Büyük İskender'i biliyorsun değil mi?

GENÇ: Büyük İskender mi? Evet, dünya tarihi dersinde hakkında bir şeyler öğrenmiştim.

FİLOZOF: Milattan önce dördüncü yüzyılda yaşamış Makedonyalı bir kraldı. O dönem Perslerin egemenliğindeki Lidya Krallığı'na doğru ilerlerken, kutsal sayılan ve akropolde korunan bir savaş arabasının bulunduğunu öğrenmişti. Savaş arabası eski kral Gordias tarafından tapınaktaki bir sütuna sıkıca bağlanmıştı ve o yöredeki bir efsaneye göre kral "Bu düğümü çözen kişi Asya'nın efendisi olacak" demişti. Bu sıkı düğümü maharetine güvenen birçok kişi çözmeyi denemişti. Yine de kimse bunu başaramamıştı. Sence Büyük İskender bu düğüm karşısında ne yapmıştı?

GENÇ: O efsanevi düğümü kolaylıkla çözüp Asya'nın hâkimi olmamış mıydı?

FİLOZOF: Hayır, öyle olmamıştı. Büyük İskender düğümün ne kadar sıkı olduğunu görür görmez, kılıcını çıkarıp bir seferde düğümü ikiye ayırmıştı.

GENÇ: Vay canına!

FİLOZOF: Sonra "Kader efsanelerle değil insanın kendi kılıcıyla ortaya çıkan bir şeydir" dediği söyleniyor. Efsanelere itibar etmiyordu ve kaderini kılıcıyla şekillendirecekti. Bildiğin gibi, sonradan günümüzde Orta Doğu ve Batı Asya olarak bilinen coğrafyaların muhteşem fatihi oldu. Gordion Düğümü olarak bilinen meşhur hikâye budur. Dolayısıyla bu tür karmaşık düğümleri – yani kişilerarası ilişkilerimizdeki bağları– geleneksel yöntemlerle çözmek yerine bambaşka bir yaklaşımla koparmak gerekir. Görev ayrımı konusunu ne zaman açıklasam, aklıma hep Gordion Düğümü gelir.

GENÇ: Size karşı gelmek istemem ama herkes Büyük İskender olamaz. Tam da düğümü kimse çözemediği için hikâyede bu kahramanca bir eylem olarak resmedilmiyor mu? Görev ayrımıyla birebir aynı. Bir kişi bir şeyi kılıcıyla kesebileceğini bilse bile, bunu yapmak epey zor olabilir. Çünkü görev ayrımı yolunda hızla ilerlerken, en sonunda insanlarla arasındaki bağları koparmak zorunda kalacaktır. İnsanları birbirinden ayıracaktır. Sözünü ettiğiniz görev ayrımı insani duyguları tamamıyla görmezden geliyor. İnsan bu şekilde nasıl kişilerarası iyi ilişkiler kurabilir ki?

FİLOZOF: Gayet de kurabilir. Görev ayrımı kişilerarası ilişkiler için nihai hedef değildir. Daha ziyade giriş kapısıdır.

GENÇ: Giriş kapısı mı?

FİLOZOF: Örneğin kitap okurken yüzümüzü kitaba fazla yaklaştırırsak, hiçbir şey göremeyiz. Aynı şekilde insanlarla iyi ilişkiler kurmak da belirli bir mesafeyi gerektirir. Mesafe fazla azaldığında ve insanlar birbirlerine çok yakın durduklarında, birbirleriyle konuşmaları bile imkânsız hale gelir. Ama mesafenin çok fazla da olmaması gerekir. Çocuklarını fazla azarlayan ebeveynler ruhsal olarak çok mesafeli olurlar. Durum böyle olduğunda, çocuk artık ebeveynlerine danışamaz, ebeveynler de artık gerektiği gibi yardım edemez. İhtiyaç halinde yardıma hazır olmamız gerekir ama yardım isteyen kişinin özel alanını ihlal etmemeliyiz. Böyle ılımlı bir mesafeyi korumak önemlidir.

GENÇ: Mesafe ebeveyn ile çocuk arasındaki ilişkide bile şart mıdır?

FİLOZOF: Elbette. Daha önce görev ayrımının başkalarının iyi niyetini çiğnediğini söylemiştin. Bu, ödülle ilişkili bir anlayıştır: Başkası senin için bir şey yapar, sen de karşılığında onun için bir şey yaparsın – o kişi bir şey istemese bile. İyi niyete karşılık vermekle ilgili değildir bu, ödülle ilişkilidir. Öte yandan başkası ne tür bir istekte bulunursa bulunsun, ne yapman gerektiğine karar verecek tek kişi sensin.

GENÇ: Benim "bağlar" dediğim şeyin kökeninde ödül mü yatıyor?

FİLOZOF: Evet. Kişilerarası bir ilişkinin temelinde ödül varsa, içten içe şöyle bir his var demektir: "Ben bu kadar verdim, sen de bana bu kadarını geri vermelisin." Görev ayrımından oldukça farklı bir anlayıştır bu. Ödül peşinde olmamalıyız, ödüle bağlı olmamalıyız.

GENÇ: Hımm.

FİLOZOF: Ama görev ayrımı yapmadan başkasının görevlerine müdahale etmenin daha kolay olduğu durumlar da kesinlikle vardır. Örneğin çocuk yetiştirirken çocuğun ayakkabılarını bağlamakta zorluk çektiği bir durumu düşünelim. İşi başından aşkın bir anne çocuğun bunu öğrenmesini beklemektense bu işi kendisi yapar. Ama bu bir müdahaledir ve çocuğun görevini ondan almaktır. Bu müdahalenin tekrarlanması sonucunda çocuk hiçbir şey öğrenmez ve yaşam görevleriyle yüzleşme cesaretini kaybetmeye başlar. Adler'in dediği gibi: "Zorluklarla yüzleşmenin öğretilmediği çocuklar her türlü zorluktan kaçınmaya çalışacaktır."

GENÇ: Ama bu çok yavan bir düşünce tarzı.

FİLOZOF: Büyük İskender Gordion Düğümü'nü kestiğinde, kimileri de muhtemelen böyle hissetmişti: Düğümü elle çözmenin bir manası vardı, düğümü kılıçla kesmek bir hataydı, dolayısıyla İskender kâhinin sözlerinin manasını yanlış anlamıştı. Adler psikolojisinde toplumdaki alışıldık düşünme biçimlerine aykırı unsurlar vardır. Etiyolojiyi ve travmayı reddeder, teleolojiyi benimser. İnsanların sorunlarını kişilerarası ilişki sorunları olarak ele alır. Ayrıca onay görme arayışına girmemek ve görev ayrımı da büyük ihtimalle toplumdaki alışıldık düşünme biçimlerine aykırıdır.

GENÇ: Mümkün değil! Bunu yapamam!

FİLOZOF: Neden?

***

Genç adam filozofun anlattığı görev ayrımı fikri karşısında perişan olmuştu. Sorunlarımızın tamamının kişilerarası ilişkilerinden kaynaklandığını düşündüğümüzde, görev ayrımı işleyen bir fikirdi. Sırf bu bakış açısını benimsemekle dünya gayet basit hale geliyordu. Ama bunun insani hiçbir yanı yoktu. İnsani sıcaklığı yansıtmıyordu. Herhangi birisi bu tür bir felsefeyi kabul edebilir miydi? Genç adam sandalyesinden kalkıp yüksek sesle itiraz etmeye başladı.

ONAYLANMA ARZUSU İNSANI ÖZGÜR OLMAKTAN ALIKOYAR

GENÇ: Bakın, çok uzun süredir mutsuzum. Dünyadaki yetişkinler gençlere "Sevdiğin şeyi yap" diyor. Bunu da insanları gerçekten anlıyorlarmış, gençlerin tarafındalarmış gibi gülümseyerek söylüyorlar. Ama bu sadece göstermelik bir tavırdır çünkü gençlere tamamıyla yabancılardır ve bu ilişkide hiçbir sorumluluk yoktur. Sonra ebeveynler ve öğretmenler bize "Şu okula gir" ya da "Sabit bir meslek bul" der. Ama bu somut ve sıkıcı talimat sadece müdahaleden ibaret değildir. Aslında kendi sorumluluklarını yerine getirmeye çalışıyorlar. Tam da onlarla yakın bir bağımız olduğu için, geleceğimizi gerçekten önemsedikleri için "Sevdiğin şeyi yap" gibi sorumsuzca bir şey demeleri hiç gerçekçi değil. Eminim ki siz de anlayışlı bir ifade takınıp bana "Lütfen sevdiğin şeyi yap" diyeceksiniz. Ama başkasından gelen bu tür bir lafa inanamam! Omzundaki tırtılı silkelermiş gibi söylenen son derece sorumsuzca bir laf. Dünya o tırtılı ezecek olsa, eminim "Bu benim görevim değil" deyip kayıtsızca dönüp giderdiniz. Yemişim görev ayrımını, canavar herif!

FİLOZOF: Tamam, dur kızma, bir sakin ol. Yani diyorsun ki birileri belli ölçüde müdahale etsin, öyle mi? İzleyeceğin yola başkasının karar vermesini mi istiyorsun?

GENÇ: Tabii, belki de istiyorumdur! Şöyle anlatayım: Başkalarının benden ne beklediğini veya ne tür bir role bürünmemi talep ettiğini anlamak o kadar da zor değil. Öte yandan dilediğin gibi yaşamak da çok zor bir şey. İnsan ne ister? Ne olmak ve ne tür bir hayat sürmek ister? Bu konularda daima somut fikirlerimizin olması mümkün değildir. Herkesin kesin hayalleri ve hedefleri olduğunu düşünmek büyük bir hatadır. Bunu bilmiyor musunuz?

FİLOZOF: Belki de başkalarının beklentilerini tatmin ederek yaşamak daha kolaydır. Çünkü hayatını onlara teslim etmiş olursun. Örneğin diyelim ki anne babanın senin için belirlediği yolda ilerliyorsun. Sana ters gelen pek çok şey olsa da o yolda kaldığın sürece yolunu şaşırmazsın. Ama izleyeceğin yola kendin karar veriyorsan, zaman zaman kaybolman gayet doğaldır. O zaman "Nasıl yaşamalı?" duvarına toslarsın.

GENÇ: Zaten başkalarından bu yüzden onay görmeyi istiyorum. Daha önce Tanrı'dan söz ettiniz; insanların hâlâ Tanrı'ya inandığı bir çağda yaşıyor olsaydık, "Tanrı seni izliyor" sözü özdisiplin işlevi görebilirdi. Tanrı'nın onayını alabilseydik, belki de başkalarından onay görmeye ihtiyaç duymazdık. Ama o çağ çoktan sona erdi. Bu durumda başkalarının bizi izlediğini düşünerek kendimizi disipline etmekten başka bir seçeneğimiz yok. Bize düşen, başkaları tarafından onay görmek ve dürüst bir hayat yaşamak. Dolayısıyla başkalarının gözleri rehberim haline gelir.

FİLOZOF: Başkalarından onay görmeyi mi, onay görmediğimiz özgür bir yolu mu seçeceğiz? Bu önemli bir soru – bunu birlikte düşünelim. Hayatını başkalarının hislerini tartarak ve seni nasıl gördüklerinden endişe ederek yaşamak. Başkalarının isteklerini yerine getirerek yaşamak. Sana bu doğrultuda yol gösterecek tabelalar olmasına olabilir ama bu kesinlikle özgür bir yaşam olmaz. Neden özgür olmayan bir yaşamı seçiyorsun? "Onaylanma arzusu" ifadesini kullanıyorsun ama aslında söylediğin şey şu: Kimse tarafından sevilmeme durumuna düşmek istemiyorsun.

GENÇ: Bunu kim ister ki? Dünyada sevilmemek isteyecek kadar ileri gidebilecek kimse yoktur.

FİLOZOF: Çok doğru. Sevilmemek isteyen kimse olmadığı doğru. Ama bu konuya şu açıdan bakalım: Bir kişi başkaları tarafından sevilmediği bir duruma düşmemek için ne yapmalıdır? Bunun tek bir cevabı var: Sürekli insanların hislerini tartarken, bir yandan da onlara sadakat yemini etmek. On kişi söz konusuysa, kişi onuna birden sadakat yemini etmelidir. Bunu yaptığı zaman, o an için kimse tarafından sevilmeme durumuna düşmemeyi başarır. Ama bu noktada çok büyük bir çelişki ortaya çıkar. Bir kişi sırf sevilmeme durumuna düşmemek için on kişiye birden sadakat yemini eder. Tıpkı popülizme düşmüş bir siyasetçi gibi. O da imkânsız vaatler verir ve kendisini aşan sorumluluklar üstlenir. Doğal olarak yalanları kısa sürede ortaya çıkar. İnsanların güvenini kaybeder ve kendini hayatını çıkmaza sokar. Tabii sürekli yalan söyleme stresinin de yol açtığı yığınla sonuç vardır. Lütfen bunu anlamaya çalış. Bir kişi başkalarının beklentilerini karşılayacak şekilde yaşıyorsa ve kendi hayatını başkalarına teslim ediyorsa, kendisine yalan söylediği bir hayat yaşıyordur ve etrafında insanlar olsun diye yalan söylemeye devam ediyordur.

GENÇ: O halde insan benmerkezci olmalı ve dilediğimiz gibi mi yaşamalıyız?

FİLOZOF: Görev ayrımı yapmak benmerkezci bir şey değildir. Ama başkalarının görevlerine müdahale etmek özünde benmerkezci bir düşünce biçimidir. Ebeveynler çocuklarını ders çalışmaya zorlar, hayatlarına ve evlilikle ilgili seçimlerine karışırlar. Bu benmerkezci bir düşünce tarzından başka bir şey değildir.

GENÇ: Çocuk ebeveynlerinin isteklerini gözardı edip hayatını dilediği gibi mi yaşamalı?

FİLOZOF: İnsanın hayatını dilediği gibi yaşamaması için hiçbir neden yok.

GENÇ: Ha-ha! Siz sadece nihilist değilsiniz, aynı zamanda anarşist ve hedonistsiniz. Hayretler içindeyim ve birazdan gülmeye başlayacağım.

FİLOZOF: Özgür olmayan bir hayat tarzı seçmiş bir yetişkin burada ve şu anda özgürce yaşayan genç birisini gördüğünde, genci hedonist olmakla eleştirir. Elbette yetişkinin özgür olmayan hayatını kabul edebilmek için söylediği bir hayat yalanıdır bu. Kendisi gerçek özgürlüğü seçmiş bir yetişkin bu tür şeyler söylemez; bunun yerine, karşısındaki kişini özgür olma iradesini kutlar.

GENÇ: Pekâlâ, o halde esas mesele özgürlük mü diyorsunuz? Sadede gelelim. "Özgürlük" kelimesini çok sık kullandınız ama özgürlüğün sizin için anlamı nedir? Nasıl özgür olabiliriz?

GERÇEK ÖZGÜRLÜK NEDİR

FİLOZOF: Daha önce başkaları tarafından sevilmeme durumuna düşmek istemediğini kabul ettin ve "Dünyada sevilmemek isteyecek kadar ileri gidebilecek kimse yoktur" dedin.

GENÇ: Evet.

FİLOZOF: Eh, ben de öyleyim. Başkaları tarafından sevilmemek gibi bir isteğim yok. "Dünyada sevilmemek isteyecek kadar ileri gidebilecek kimse yoktur" sözünün zekice bir içgörü olduğunu söyleyebilirim.

GENÇ: Evrensel bir gerçek!

FİLOZOF: Öyle olsa bile, tüm çabalarımıza rağmen beni de seni de sevmeyen kişiler var. Bu da bir gerçek. Sevilmediğinde veya birisi tarafından sevilmediğini hissettiğinde, nasıl bir ruh hali içinde olursun?

GENÇ: En basit ifadeyle, çok üzülürüm. Neden sevilmediğimi ve hakaret olarak algılanabilecek ne yaptığımı veya söylediğimi düşünürüm. O kişiyle farklı bir etkileşim kurmam gerekirdi diye düşünürüm ve buna kafayı takıp suçluluk hissederim.

FİLOZOF: Başkaları tarafından sevilmemeyi istememek. İnsanlar için bu son derece doğal bir istek ve güdüdür. Modern felsefenin devi Kant bu isteğe "eğilim" der.

GENÇ: Eğilim mi?

FİLOZOF: Evet. Kişinin içgüdüsel ve dürtüsel istekleri. Birisi çıkıp da tepeden aşağı yuvarlanan bir kaya gibi yaşamanın ve bu tür eğilimlerin, arzuların ya da dürtülerin kişiyi ele geçirmesine izin vermenin "özgürlük" olduğunu söylerse yanılmış olur. Gerçek özgürlük kişinin aşağı yuvarlanan benliğini yukarı itmesine benzer bir tavırdır.

GENÇ: Kendisini aşağıdan yukarı itmesi mi?

FİLOZOF: Kaya kendinde bir gücü yoktur. Tepeden aşağı yuvarlanmaya başladığı andan itibaren, yerçekimi ve eylemsizlik yasalarından kurtulana dek yuvarlanmaya devam eder. Ama bizler kaya değiliz. Bizler eğilime direnme becerisi olan varlıklarız. Yuvarlanan benliğimizi durdurup tepeye tırmanabiliriz. Onaylanma arzusu muhtemelen doğal bir arzudur. Peki, başkalarından onay görmek için tepeden aşağı yuvarlanmaya devam mı edeceksin? Yuvarlanan bir taş gibi her yanın törpülenene dek kendini yıpratacak mısın? Geriye sadece ufak bir küre kaldığında, buna "gerçek ben" denebilir mi? Sanmıyorum.

GENÇ: İnsanın içgüdülerine ve dürtülerine direnmesinin özgürlük olduğunu mu söylüyorsunuz?

FİLOZOF: Defalarca dediğim gibi, Adler psikolojisinde bütün sorunların kişilerarası ilişki sorunları olduğunu düşünürüz. Başka bir deyişle kişilerarası ilişkilerden azade olmayı isteriz. Ama evrende tek başına yaşamak kesinlikle imkânsızdır. Şu âna dek tartıştıklarımız ışığında, "Özgürlük nedir?" sorusuyla ilgili vardığımız sonuç gayet açık olsa gerek.

GENÇ: Nedir?

FİLOZOF: Kısaca: "Özgürlük başkaları tarafından sevilmemektir."

GENÇ: Ne? Bu da ne demek?

FİLOZOF: Birisi tarafından sevilmemen demek. Özgürlüğünü fiile geçirdiğinin, özgürlük içinde yaşadığının kanıtı ve kendi ilkelerine göre yaşadığının işaretidir bu.

GENÇ: Ama, ama...

FİLOZOF: Sevilmemek gerçekten de üzücü bir şey. İnsan mümkünse sevilmemenin olmadığı bir hayat yaşamak ister. Onaylanma arzusunu tatmin etmek ister. Ama sevilmemekten kaçınacak şekilde davranmak özgürlükten son derece yoksun bir yaşam biçimidir ve ayrıca imkânsızdır. İnsan özgürlüğünü yaşamak istiyorsa, bunun bir bedeli vardır. Kişilerarası ilişkilerde özgürlüğün bedeli başkaları tarafından sevilmemektir.

GENÇ: Hayır! Bu kesinlikle yanlış. Buna özgürlük denmesi mümkün değil. İnsanları kandırıp kötülüğe teşvik etmek gibi şeytani bir düşünce tarzı.

FİLOZOF: Büyük bir ihtimalle özgürlüğü "kurumlardan kurtuluş" olarak düşünüyordun. Evinden veya okulundan, şirketinden veya ülkenden ayrılmayı özgürlük sanıyordun muhtemelen. Ama örneğin çalıştığın kurumdan ayrılarak gerçek özgürlüğü elde edemezsin. Başkalarının yargılarıyla ilgilendiğin takdirde, sevilmemekten korktuğun takdirde, kabul görmeme ihtimalinin bedelini ödemediğin takdirde, kendi seçtiğin yaşam yoluna bağlı kalamazsın. Yani özgür olamazsın.

GENÇ: Başkaları tarafından kasten sevilmemeye çalış... Bunu mu demek istiyorsunuz?

FİLOZOF: Demek istediğim, sevilmemekten korkma.

GENÇ: Ama bu...

FİLOZOF: Sevilmeyeceğin şekilde yaşayacak kadar ileri git demiyorum. Yanlış işlere bulaş demiyorum. Lütfen bunu yanlış anlama.

GENÇ: Tamam. O halde soruyu değiştirelim. İnsanlar özgürlüğün ağırlığına dayanabilir mi? İnsanlar o kadar güçlü mü? Kendi ebeveynleri tarafından bile sevilmemeyi umursamayacak kadar... İnsan bu kadar küstah bir şekilde her şeye kafa tutabilir mi?

FİLOZOF: Küstah olmak da, kafa tutmak da gerekmiyor. Görev ayrımı yapmak yeter. Senin hakkında kötü şeyler düşünen birisi olabilir ama bu senin görevin değil. Şunu tekrarlayayım: "Beni sevmesi gerek" veya "Bunca şey yaptım, beni sevmemesi garip" gibi şeyler düşünmek ödül odaklı düşünme biçimine dayalı olarak başkasının görevlerine müdahale etmektir. Sevilmeme olasılığından korkmadan yoluna devam et. Tepeden aşağı yuvarlanıyormuş gibi yaşama, önündeki yokuşu tırman. Bir insan için özgürlük budur. Farz et ki karşımda iki seçenek var: herkesin beni sevdiği bir hayat ve beni sevmeyen kişilerin bulunduğu bir hayat. Bana bunlardan birini seçmem söyleniyor. Hiç düşünmeden ikincisini seçerim. Başkalarının hakkımda ne düşündüğünü dert etmek yerine kendi varlığımı izlediğim yolda ilerlemek isterim. Yani özgürlük içinde yaşamak isterim.

GENÇ: Şu anda özgür müsünüz?

FİLOZOF: Evet, özgürüm.

GENÇ: Sevilmemeyi istemiyorsunuz ama öyle olsaydı da bunu umursamayacağınızı mı söylüyorsunuz?

FİLOZOF: Evet, öyle. "Sevilmemeyi istememek" muhtemelen benim görevim ama şu ya da bu kişinin benden hoşlanıp hoşlanmaması onun görevi. Hakkımda iyi şeyler düşünmeyen biri olsa bile ben buna müdahale edemem. Daha önce bahsettiğim atasözüne geri dönmek gerekirse, doğal olarak atı su kenarına götürmeye çabalarsın, ama atın suyu içip içmemesi senin görevin değildir.

GENÇ: Garip bir sonuç.

FİLOZOF: Mutlu olma cesaretinde sevilmeme cesareti de vardır. O cesareti kazandığın zaman kişilerarası ilişkilerin bir anda hafifleyecektir.

KİŞİLERARASI İLİŞKİLERİN DİZGİNLERİ BİZİM ELİMİZDE

GENÇ: Bir filozofun evine gidip de sevilmeme konusunu dinleyeceğim hiç aklıma gelmezdi.

FİLOZOF: Bunun hazmetmesi kolay bir şey olmadığını çok iyi biliyorum. Bunu çiğneyip hazmetmek muhtemelen biraz zaman alacak. Bugün biraz daha ilerlersek, bence bunları aklında tutamayacaksın. O yüzden görev ayrımıyla ilgili özel bir konudan söz edip bugünlük konuşmayı bitireceğim.

GENÇ: Peki.

FİLOZOF: Bu da ebeveynlerle olan ilişkilerle ilgili. Babamla aramdaki ilişki her zaman sallantılıydı, çocukluğumda bile. Annem ben yirmili yaşlarımdayken öldü, aramızda hiçbir zaman gerçek bir sohbet olmadı. Sonra babamla aramdaki ilişki daha da sıkıntılı hale geldi. Ama ne zaman ki Adler psikolojisiyle karşılaştım ve Adler'in fikirlerini anladım...

GENÇ: Babanızla aranızdaki ilişki neden kötüydü?

FİLOZOF: Hafızamda kalan şey, bana vurduğu bir zamanki görüntü. Ne yaptım da bana vurdu, hatırlamıyorum. Tek hatırladığım ondan kaçabilmek için bir masanın altına gizlendiğim, onun da beni sürükleyerek oradan çıkardığı ve sert bir şekilde vurduğu. Hem de bir kere değil pek çok kere.

GENÇ: O korku bir travmaya dönüştü...

FİLOZOF: Sanırım Adler psikolojisiyle karşılaşana dek bunu öyle anladım. Çünkü babam aksi ve pek konuşmayan biriydi. Ama kendi kendime "O gün bana vurdu, ilişkimiz o yüzden kötüleşti" diye düşünmem Freudyen bir etiyolojik düşünce tarzı. Adler teleolojisi neden-sonuç yorumunu tamamıyla tersine çevirir. Yani babamla aramdaki ilişkinin iyileşmesini istemediğim için, bana vurduğu anıyı hatırlamıştım.

GENÇ: O halde öncelikli olarak hedefiniz babanızla ilişkinizin iyileşmesini istememek ve aranızdaki sorunları düzeltmeyi istememekti.

FİLOZOF: Doğru. Babamla aramdaki ilişkiyi tamir etmemek daha çok işime geliyordu. Onun gibi bir babam olmasını hayatımın iyi gitmemesine bahane olarak kullanabilirdim. Benim için bir lütuftu bu. Bir de feodal babadan intikam alma durumu söz konusuydu.

GENÇ: Ben de tam bunu sormak istiyordum! Neden ve sonuç tersine dönse de, kendinizi analiz edip "Babamla aramın kötü olmasının nedeni bana vurmuş olması değil, bana vurduğu anıyı hatırlıyorum çünkü babamla ilişkimin düzelmesini istemiyorum" diyebilseniz de, durumu nasıl değiştiriyor ki bu? Çocukluğunuzda dayak yediğiniz gerçeği değişmiyor değil mi?

FİLOZOF: Bunu şöyle bir bakış açısından düşünebiliriz. Elimde bir kişilerarası ilişki kartı var. Etiyolojiyi kullanıp "Bana vurduğu için babamla aramdaki ilişki kötü" diye düşündüğüm müddetçe, bir şey yapmamın mümkün olmadığı bir konu olarak kalır. Ama "Babamla aramdaki ilişkininin düzelmesini istemediğim için bana vurduğu anıyı hatırladım" diye düşünebilirsem, elimdeki kartı ilişkileri tamir etmek için kullanabilirim. Çünkü hedefi değiştirebilirsem, her şey yoluna girer.

GENÇ: Böylece her şey yoluna girer mi gerçekten?

FİLOZOF: Elbette.

GENÇ: Buna yürekten inanıp inanmadığınızı merak ediyorum. Teoride anlıyorum ama hissiyat olarak oturmuyor.

FİLOZOF: O halde görev ayrımı üzerinden düşünelim. Babamla aramda karmaşık bir ilişki vardı, doğru. İnatçı birisiydi ve hisleri kolay kolay değişmez gibi gelirdi bana. Kaldı ki bana el kaldırdığını unutmuş bile olabilirdi. Ama ilişkilerimi tamir etme kararımı aldığım sırada, babamın ne tür bir hayat tarzı olduğunu, hakkımda ne düşündüğünü veya yaklaşımıma ne tür bir tavırla cevap vereceğini umursamıyordum. Bu tür şeyler benim için önemli değildi. Babam ilişkimizi düzeltme niyetinde olmasa bile, hiç umurumda olmazdı. Mesele benim bunu yapmaya karar verip vermeyeceğimdi ve kişilerarası ilişki kartları her zaman bendeydi.

GENÇ: Kişilerarası ilişki kartları her zaman sizde miydi?

FİLOZOF: Evet. Birçok kişi kişilerarası ilişki kartlarının karşı taraftaki kişide olduğunu düşünür. Zaten o yüzden "Bu kişi hakkımda ne hissediyor?" diye düşünür ve başkalarının isteklerini tatmin edecek şekilde yaşamaya başlarlar. Ama görev ayrımı konusunu anlayabilseler, bütün kartların kendi ellerinde olduğunu fark ederler. Böylece yeni bir düşünme biçimi oluştururlar.

GENÇ: Bu durumda siz değiştiniz diye babanız da mı değişti?

FİLOZOF: Babamı değiştirmek için değişmedim. Başkasını manipüle etmek olur bu. Ben değişsem bile, değişen sadece "ben"dir. Sonuç olarak diğer kişiye ne olacağını bilmiyorum, dahil olabileceğim bir durum da değil. Bu da görev ayrımı yapmak. Tabii değişimim*den dolayı* olmasa da, değişimimle birlikte diğer kişinin değiştiği zamanlar da var. Ama hedef bu değil ve diğer kişinin değişmemesi de kesinlikle ihtimal dahilinde. Her halükârda kişinin başkalarını manipüle etmek için konuşmasını ve davranışlarını değiştirmesi açıkça hatalı bir düşünce biçimidir.

GENÇ: Evet, başkalarını manipüle etmemek gerekir ve manipülasyona da izin verilemez.

FİLOZOF: Kişilerarası ilişkilerden söz ettiğimizde, her zaman iki kişilik ilişkilermiş gibi algılanıyor ve büyük bir grupla olan ilişki akla geliyor ama öncelikli olan, kişinin kendisiyle ilişkisidir. Bir insan onaylanma arzusuna bağlı olduğunda, kişilerarası ilişki kartları hep başkalarının elinde kalır. Hayatımızın kartlarını başkasına mı emanet edeceğiz, yoksa kendimiz mi tutacağız? Eve döndüğünde görev ayrımı ve özgürlükle ilgili fikirleri kendi başına tekrar düşün lütfen. Bir dahaki sefere seni burada bekliyor olacağım.

GENÇ: Peki. Bunları kendi kendime düşüneceğim.

FİLOZOF: Tamam o zaman...

GENÇ: Yalnız size tek bir şey daha sormak istiyorum.

FİLOZOF: Nedir?

GENÇ: Sonunda babanızla aranızdaki ilişkiyi tamir edebildiniz mi?

FİLOZOF: Evet, tabii. Öyle sanıyorum. Babam hastalandı ve hayatının son birkaç senesinde ailemle benim ona bakmamız zorunlu hale geldi. Sonra her zamanki gibi onunla ilgilendiğim bir gün "Teşekkür ederim" dedi. Babamın söz dağarcığında böyle bir kelime olduğunu bilmiyordum ve hayretler içinde kalıp aradan geçen onca gün için minnet duydum. Ona baktığım uzun seneler boyunca her şeyi yapmıştım; yani babamı su kenarına götürmek için elimden gelen her şeyi yapmıştım. En sonunda suyu içti. İçtiğine inanıyorum.

GENÇ: Peki, çok teşekkür ederim. Yine aynı saatte gelirim.

FİLOZOF: Keyifli bir sohbetti. Ben de sana teşekkür ederim.

DÖRDÜNCÜ GECE

Dünyanın Merkezinin Olduğu Yer

Yakındı – neredeyse kanacaktım!

Ertesi hafta genç adam yine filozofu ziyaret etti, bu kez kapıyı çalarken öfkeli görünüyordu.

Görev ayrımı şüphesiz kullanışlı bir fikir. Geçen sefer beni ciddi anlamda ikna ettin. Ama bu çok yalnız bir hayata çıkıyor. Görevleri ayırmak ve kişilerarası ilişkilerin yükünü hafifletmek başkalarıyla olan bağını kesmekle aynı şey. Bu da yetmezmiş gibi, başkaları tarafından sevilmemem gerektiğini söylüyorsun bana! Özgürlük dediğin şey buysa, o zaman özgür olmamayı seçiyorum!

BİREYSEL PSİKOLOJİ VE HOLİZM

FİLOZOF: Bugün bayağı keyifsiz görünüyorsun.

GENÇ: Son buluştuğumuzdan beri görev ayrımı ve özgürlük konularını sakin sakin, dikkatlice düşündüm. Duygularım yatışana dek bekleyip mantık yürüttüm. Ama görev ayrımı bana hiç gerçekçi gelmedi.

FİLOZOF: Hımm, peki. Lütfen, devam et.

GENÇ: Görev ayrımı esas olarak sınır belirleme anlamına gelen bir fikir ve "Ben benim, sen sensin" demek. Elbette bu şekilde muhtemelen daha az kişilerarası ilişki sorunu oluyordur. Ama bu hayat tarzının gerçekten de doğru olduğunu söyleyebilir misiniz? Bana kalırsa aşırı benmerkezli ve yanlış yola sapmış bir bireysellik. Buraya ilk geldiğimde, Adler psikolojisine resmi olarak "bireysel psikoloji" dendiğini söylemiştiniz. Bu terim beni bir süredir rahatsız ediyor ama nihayet bunun sebebini anladım: Adler psikolojisi veya bireysel psikoloji dediğiniz şey aslında insanları yalnızlığa iten bir bireycilik.

FİLOZOF: Adler'in ürettiği "bireysel psikoloji" teriminin yanlış anlaşılmalara yol açabilecek birtakım özellikleri olduğu doğru. Şimdi ne demek istediğimi açıklayacağım. İlk olarak, etimolojik açıdan "birey" [*individual*] kelimesi "bölünmez" [*indivisible*] anlamına gelir.

GENÇ: Bölünmez mi?

FİLOZOF: Evet. Başka bir deyişle olabilecek en ufak birimdir ve daha fazla bölünmesi mümkün değildir. Bölünemeyen şey tam olarak nedir? Adler her türlü düalist değer sistemine karşıydı; yani zihni bedenden, mantığı duygudan veya bilinçli zihni bilinçdışı zihinden ayrı ele alan sistemlere karşıydı.

GENÇ: Bunun ne anlamı var?

FİLOZOF: Örneğin yüzünün kızarmasından korktuğu için bana danışmaya gelen kız öğrenciyle ilgili hikâyeyi hatırlıyor musun? Neden bu korkuyu geliştirdiğini hatırlıyor musun? Adler psikolojisinde fiziksel semptomlar zihinden (psike) ayrı tutulmaz. Zihin ve beden bir görülür, parçalara bölünemeyecek bir bütün olarak görülür. Zihindeki gerginlik kolların ve bacakların titremesine veya yanakların kızarmasına yol açabilir, korkuysa yüzün bembeyaz kesilmesine neden olabilir vs.

GENÇ: Tabii, zihnin ve bedenin birbirine bağlı olan parçaları var.

FİLOZOF: Aynı şey mantık ve duygular, bilinçli zihin ve bilinçdışı zihin için de geçerli. Genel olarak serinkanlı olan birisi şiddetli bir duygu atağı geçirip başkasına bağırmaz. Bir şekilde bizden bağımsız olarak var olan duygulara kapılmayız. Her birimiz birleşik bir bütünüz.

GENÇ: Hayır, bu doğru değil. Tam da zihni ve bedeni, mantığı ve duyguyu, bilinçli zihni ve bilinçdışını birbirinden açıkça ayrı unsurlar olarak görme becerimiz sayesinde insanları doğru anlayabiliriz. Bu doğuştan gelen bir özellik değil mi?

FİLOZOF: Şüphesiz doğru; zihin ve beden ayrı şeylerdir, mantık ve duygu farklıdır, bilinçli zihin de vardır, bilinçdışı zihin de. Bununla birlikte birisi öfke krizine kapılıp başkasına bağırdığında, bağırmayı seçen "bir bütün olarak ben"dir. Duyguların bir şekilde bağımsız bir varlığının olduğu düşünülemez, yani duygular kişinin niyetlerinden bağımsız olarak kendi kendine o bağırma sesini üretmez. Şayet "ben"i "duygu"dan ayırıp "Bana bunu yaptıran o duyguydu" veya "Duygularıma kapıldım, kendimi alamadım" diye düşünürsek, bu tür bir düşünce tarzı hemen bir hayat yalanına dönüşür.

GENÇ: O garsona bağırdığım olaydan söz ediyorsunuz değil mi?

FİLOZOF. Evet. İnsanın "bir bütün [*whole*] olarak ben" diye görüldüğü, parçalara ayrılamayan bölünmez bir bütün olarak görüldüğü anlayışa "holizm" (bütüncülük) denir.

GENÇ: Tamam, güzel. Ama "birey"i akademik bir teoriyle nasıl tanımlarsınız diye bir şey sormadım size. Bakın, Adler psikolojisini mantıklı sonucuna götürürseniz, temelde "Ben benim, sen sensin" der ve insanları yalnızlığa iter. "Sana müdahale etmeyeceğim, o yüzden sen de bana müdahale etme; ikimiz de dilediğimiz gibi yaşamaya devam edelim" der. Bu konudaki yaklaşımınızın ne olduğunu açık açık anlatın lütfen.

FİLOZOF: Tamam. Bütün sorunlar kişilerarası ilişki sorunudur. Adler psikolojisinin bu temel ilkesini anladın değil mi?

GENÇ: Evet, anladım. Kişilerarası ilişkilerde müdahaleci olmamak, yani görev ayrımı fikri muhtemelen bu sorunları çözmenin bir yolu olarak ortaya çıkmıştır.

FİLOZOF: Bunu geçen sefer anlatmıştım sanırım – kişilerarası iyi ilişkiler kurmak belirli bir derecede mesafe gerektirir; fazla yakınlaşan insanlar birbiriyle konuşamayacak hale gelir, öte yandan fazla uzaklaşmak da iyi bir şey değildir. Görev ayrımını insanları uzak tutmaya yönelik bir yol olarak düşünme lütfen; kişilerarası ilişkilerdeki karmaşık düğümlerin iplerini çözmenin bir yolu olarak gör.

GENÇ: İpleri çözmek mi?

FİLOZOF: Kesinlikle. Şu anda, senin iplerin ile başkalarının ipleri fena halde birbirine dolanmış, dolayısıyla dünyaya da bu halde bakıyorsun. Kırmızı, mavi, kahverengi, yeşil, bütün renkler birbirine karışmış. Sen bunun "bağ" olduğunu düşünüyorsun. Ama öyle değil.

GENÇ: Peki, sizce nedir bağ?

FİLOZOF: Geçen sefer görev ayrımından kişilerarası ilişki sorunlarını çözmenin bir yolu olarak söz etmiştim. Ama kişilerarası ilişkiler sırf birisi görevleri ayırdı diye sona eren bir şey değildir. Görev ayrımı esasında kişilerarası ilişkiler için bir kalkış noktasıdır. Bugün tartışmamızı biraz derinleştirerek Adler psikolojisinde kişilerarası ilişkilerin nasıl bir bütün olarak görüldüğünü ele alalım ve başkalarıyla ne türden ilişkiler oluşturmamız gerektiğini düşünelim.

KİŞİLERARASI İLİŞKİLERİN HEDEFİ TOPLULUK HİSSİDİR

GENÇ: Peki, bir sorum var. Konunun can alıcı noktasına parmak basan basit bir cevap verin lütfen. Görev ayrımının kişilerarası ilişkiler için bir kalkış noktası olduğunu söylediniz. Bu durumda kişilerarası ilişkilerin hedefi nedir?

FİLOZOF: Konunun can alıcı noktasına gelirsek, kişilerarası ilişkilerin hedefi "topluluk hissi"dir.

GENÇ: ... Topluluk hissi mi?

FİLOZOF: Evet. Adler psikolojisinde temel bir kavram bu ve pratikte nasıl uygulanacağı da öteden beri büyük tartışma konusu olmuştur. Aslında Adler'in topluluk hissi kavramını öne sürmesi birçok kişinin onunla yollarını ayırmasına neden olmuştur.

GENÇ: Kulağa ilginç geliyor. Bu kavram tam olarak ne anlama geliyor?

FİLOZOF: Sanırım, geçen sefer değil de ondan önceki görüşmemizde kişinin başkalarını nasıl gördüğü konusundan söz etmiştim. Yani başkalarını düşman olarak mı görüyoruz, yoldaş olarak mı? Şimdi, bu adımı derinleştirelim. Başkaları yoldaşlarımızsa ve etrafımızın onlarla çevrili olduğu bir hayat yaşıyorsak, bu hayatta kendimize ait bir "sığınak" bulabilmemiz gerekir. Üstelik bunu yaparken yoldaşlarımızla paylaşımda bulunma, topluma katkıda bulunma arzusu geliştirmemiz gerekir. Başkalarıyla yoldaşlık hissine, "kişinin kendi sığınağına sahip olma" bilincine "topluluk hissi" denir.

GENÇ: Bunun neresi tartışmaya açık? Hiçbir şekilde çürütülemeyecek bir argüman.

FİLOZOF: Sorun "topluluk" konusunda ortaya çıkıyor. Topluluk nelerden oluşur? "Topluluk" kelimesini duyduğunda aklına nasıl imgeler geliyor?

GENÇ: Kişinin evi, okulu, işyeri veya bulunduğu yerel toplum gibi kapsayıcı yapılar.

FİLOZOF: Adler'in topluluktan kastı ev, okul, işyeri veya yerel toplumun ötesinde bir şeydir; "topluluk" kavramını son derece kapsamlı bir anlamda kullanır, söz konusu olan sadece ülkeler ve insanlığın tamamı değildir, geçmişten geleceğe zamanın bütününü kapsar. Bu kavrama bitkileri ve hayvanları, hatta cansız nesneleri de dahil eder.

GENÇ: Ne?

FİLOZOF: Başka bir deyişle Adler'e göre topluluk, bu kelimenin akla getirebileceği halihazırda var olan kapsayıcı yapılardan sadece biri değildir, aynı zamanda *her şeyi* –geçmişten geleceğe evrenin tamamını– içerir.

GENÇ: İmkânsız. Anlayamadım. Evren mi? Geçmiş ve gelecek mi? Tam olarak neden söz ediyorsunuz?

FİLOZOF: Bunu duyan çoğu kişi benzer tereddütlere kapılır. Bu konu hemen idrak edebilecek bir şey değildir. Adler'in kendisi bile öne sürdüğü topluluğun "erişilmez bir ideal" olduğunu kabul etmiştir.

GENÇ: Ha-ha. Bayağı kafa karıştırıcı, öyle değil mi? Peki, siz bu topluluk hissinin –artık bu ne demekse– evrenin tamamını kapsadığı fikrini gerçekten de anlayıp kabul ediyor musunuz?

FİLOZOF: Deniyorum. Çünkü bu konuyu anlamadan Adler psikolojisini gerçek manada anlamak mümkün değil bana kalırsa.

GENÇ: Tamam o zaman!

FİLOZOF: Başından beri dediğim gibi, Adler psikolojisine göre bütün sorunlar kişilerarası ilişki sorunlarıdır. Mutsuzluk kişilerarası ilişkilerden kaynaklanır. Bunun tam aksi de doğrudur, yani mutluluk kişilerarası ilişkilerden kaynaklanır.

GENÇ: Elbette.

FİLOZOF: Dahası topluluk hissi kişilerarası ilişkilerde mutluluğa dair en önemli göstergedir.

GENÇ: Pekâlâ. Bunu dinlemek isterim.

FİLOZOF: Topluluk hissine "sosyal ilgi" de denir, yani "topluma ilgi" anlamında. Şimdi, sana bir sorum var: Sosyolojik bakış açısından, toplumun en küçük biriminin ne olduğunu biliyor musun?

GENÇ: Toplumun en küçük birimi, öyle mi? Aile derdim.

FİLOZOF: Hayır, en küçük birim "sen ve ben"dir. İki kişi söz konusu olduğunda, orada toplum ortaya çıkar, aynı zamanda topluluk da ortaya çıkar. Adler'in sözünü ettiği topluluk hissini anlayabilmek için, başlangıç noktası olarak "sen ve ben"i kullanmak daha doğrudur.

GENÇ: Peki, bu başlangıç noktasıyla ne yapıyorsunuz?

FİLOZOF: Benliğe tutunmaktan (kendine ilgi) başkalarıyla ilgilenmeye (sosyal ilgi) geçersin.

GENÇ: Benliğe tutunmak mı? Başkalarıyla ilgilenmek mi? Bunlar da ne?

NEDEN SADECE KENDİMLE İLGİLENİYORUM?

FİLOZOF: Tamam, bunu somut bir şekilde düşünelim. Daha kolay anlaşılsın diye, "benliğe tutunmak" yerine "benmerkezli" kelimesini kullanacağım. Sence benmerkezli bir kişi nasıl birisidir?

GENÇ: Hımm. Sanırım ilk akla gelen, zorba biri. Dediğim dedik davranan biri, başkalarının başına bela olmaktan çekinmeyen ve sadece kendi çıkarına olan şeyleri düşünen biri. Böyle biri dünyanın kendi etrafında döndüğünü düşünür, diktatör gibi davranır, mutlak otoriteyle ve zor kullanarak hükmeder. Etrafındaki herkes için büyük dertler yaratır. Shakespeare'in Kral Lear'ı gibi, tipik bir zorba.

FİLOZOF: Anlıyorum.

GENÇ: Öte yandan böyle kişiler ille de zorba olmaz. Bir grubun uyumunu bozan birisine de benmerkezli denebilir. Grup içinde işlevlerini yerine getiremeyen ve yalnız hareket etmeyi tercih eden birisidir bu. Sürekli kendi eylemleri üzerine düşünür, randevulara geç kaldığında veya verdiği sözleri tutamadığında bile başkasını değil kendini düşünür. Tek kelimeyle egoisttir.

FİLOZOF: Benmerkezli kişileri düşünürken gerçekten de genellikle akla gelen imaj bu. Ama göz önüne alınması gereken başka tipte bir insan da var. Görev ayrımı yapmayı beceremeyen ve onaylanma arzusunu takıntı haline getirmiş bir kişi de son derece benmerkezlidir.

GENÇ: Neden?

FİLOZOF: Onaylanma arzusunun gerçeklikte nasıl bir şey olduğunu düşün. Başkaları sana ne kadar dikkat ediyor? Hakkında ne düşünüyorlar? Yani senin arzularını ne kadar tatmin ediyorlar? Bu tür bir onaylanma arzusunu takıntı haline getirmiş kişiler başkalarına bakıyormuş gibi görünseler de aslında sadece kendilerine bakıyorlardır. Başkalarını önemsemezler ve sadece "ben"le ilgilenirler. Kısacası benmerkezlidirler.

GENÇ: O halde başkaları tarafından yargılanmaktan korkan benim gibi kişilerin de benmerkezli olduğunu mu söylüyorsunuz? Başkalarını düşünmeye ve onlara uyum sağlamaya büyük çaba sarfettiğim halde, öyle olduğumu mu söylüyorsunuz?

FİLOZOF: Evet. Şöyle ki, yalnızca "ben"le ilgileniyorsun, dolayısıyla benmerkezlisin. Başkalarının senin hakkında iyi düşünmesini istiyorsun, bu yüzden de sana nasıl baktıklarını dert ediyorsun. Başkalarıyla ilgilenmek böyle bir şey değil. Seninki benliğe tutunmaktan başka bir şey değil.

GENÇ: Ama...

FİLOZOF: Bundan geçen sefer söz etmiştim. Hakkında iyi şeyler düşünmeyen kişilerin olması özgür yaşadığının kanıtıdır. Bu sana benmerkezli gelebilir. Ama sanırım bugünkü tartışmamızdan şunu anlamışsındır: Başkalarının seni nasıl gördüğüne dair sürekli kaygılandığın bir hayat yaşıyorsan, tek derdinin "ben" olduğu benmerkezli bir yaşam tarzın var demektir.

GENÇ: Yani, şimdi bu bayağı iddialı bir ifade oldu!

FİLOZOF: Sadece sen değil, "ben"e tutunan herkes benmerkezlidir. Tam da bu yüzden "benliğe tutunmak"tan "başkalarıyla ilgilenme"ye geçmek gerekir.

GENÇ: Tamam, evet, daima sadece kendimle ilgilendiğimi kabul ediyorum. Sürekli başkaları beni nasıl görüyor diye kaygılanıyorum, ben onları nasıl görüyorum diye düşünmüyorum. Benmerkezli olduğumu söylüyorsanız, buna karşı çıkacak hiçbir şey söyleyemem. Ama şöyle düşünün: Hayatım uzun metrajlı bir film olsaydı, ana karakter kesinlikle "ben" olurdu, değil mi? Kameranın ana karaktere çevrilmiş olması gerçekten de o kadar ayıplanacak bir şey mi?

DÜNYANIN MERKEZİ DEĞİLSİN

FİLOZOF: Şimdi bunları sırayla ele alalım. Bir kere, her birimiz bir topluluğun ferdiyiz ve oraya aitiz. Kişinin toplulukta sığınacak bir yerinin olduğunu hissetmesi, "Burada olmak iyi" diye hissetmesi ve aidiyet hissine sahip olması – bunlar temel insani arzulardır. Konu ister derslerimiz, işimiz veya arkadaşlıklarımız olsun, ister aşk hayatımız veya evliliğimiz olsun, bütün bunlar "Burada olmak iyi" diye hissettiğimiz yerler ve ilişkiler aramamızla bağlantılıdır. Sence de öyle değil mi?

GENÇ: Aa, evet, öyle! Kesinlikle öyle!

FİLOZOF: Kişinin hayatındaki ana karakter "ben"dir, doğru. Bu noktaya kadar bu düşünce hattıyla ilgili bir sorun yok. Ama "ben" dünyanın merkezinde hüküm sürmez. "Ben" hayatın ana karakteri olduğu halde, topluluğun bir ferdinden ve bütünün bir parçasından başka bir şey değildir.

GENÇ: Bütünün bir parçası mı?

FİLOZOF: Sadece kendileriyle ilgilenen kişiler dünyanın merkezinde olduğuna inanır. Bu tür kişiler için başkaları sadece "*benim için* bir şeyler yapacak kişiler"dir. İçten içe şuna inanırlar: "Herkes bana hizmet etmek için var ve benim duygularıma öncelik vermeli."

GENÇ: Tıpkı bir prens veya bir prenses gibi.

FİLOZOF: Evet, aynen öyle. "Hayatın ana karakteri" olmaktan "dünyanın ana karakteri" olmaya geçerler. Dolayısıyla ne zaman bir başka kişiyle temasa geçseler, düşündükleri tek şey "Bu kişi bana ne verecek?" olur. Ama –ki bu, prensler ve prensesler için geçerli değildir– bu beklenti her durumda karşılanmaz. Çünkü başkaları senin beklentilerini karşılamak için yaşamaz.

GENÇ: Çok doğru.

FİLOZOF: Bu beklentiler karşılanmadığında, bu kişiler büyük hayal kırıklığına uğrar ve korkunç bir hakarete uğradıklarını hissederler. Darılıp gücenirler ve şöyle düşünürler: "Bu kişi benim için hiçbir şey yapmadı. Bu kişi beni hayal kırıklığına uğrattı. Bu kişi artık yoldaşım değil. Bundan böyle düşmanım." Dünyanın merkezi olduğuna inanan kişiler her zaman kısa sürede yoldaşlarını kaybeder.

GENÇ: Tuhaf. Öznel bir dünyada yaşadığımızı söylememiş miydiniz? Dünya öznel bir yerse eğer, merkezindeki tek kişi de ancak ben olabilirim. Orada başka kimsenin olmasına izin vermem.

FİLOZOF: "Dünya"dan söz ettiğinde, aklından geçen sanırım dünya haritasına benzer bir şey.

GENÇ: Dünya haritası mı? Neden söz ediyorsunuz?

FİLOZOF: Örneğin Fransa'da kullanılan dünya haritasında Amerika sol tarafta, Asya sağ taraftadır. Avrupa ve Fransa da tabii ki haritanın ortasında yer alır. Öte yandan Çin'de kullanılan dünya haritasında Amerika sağ tarafta, Avrupa sol taraftadır. Çin'deki dünya haritasını gören Fransızlar büyük ihtimalle ortada tuhaflık olduğunu düşünecek, haksız yere uçlara itilmiş veya keyfi bir şekilde dünyadan atılmış gibi hissedecektir.

GENÇ: Evet, ne demek istediğinizi anlıyorum.

FİLOZOF: Öte yandan dünya bir küre üzerinde temsil edildiğinde ne olur? Dünyaya küre üzerinde baktığında, küreyi çevirdikçe Fransa da merkezde olabilir, Çin de, Brezilya da. Her yer hem merkezdir hem de değildir. Bakan kişinin bulunduğu yere ve baktığı açıya göre kürenin üstünde sayısız merkez olabilir. Kürenin doğası böyledir.

GENÇ: Hımm, doğru.

FİLOZOF: Daha önce dediğimle –"Dünyanın merkezi değilsin"– bunun aynı şey olduğunu düşün. Sen bir topluluğun parçasısın, merkezi değilsin.

GENÇ: Dünyanın merkezi değilim. Dünyamız bir küre, düz bir alana yerleştirilmiş bir harita değil. Evet, bunu teoride anlayabiliyorum. Ama "Dünyanın merkezi değilim" diye bir gerçeğin neden farkında olmam gerekiyor?

FİLOZOF: Şimdi, başladığımız noktaya geri dönelim. Hepimiz "Burada olmak iyi" diye bir aidiyet hissi ararız. Ama Adler psikolojisinde aidiyet hissine erişmek için "burada olmak" yetmez, buna ancak kendi isteğimizle bir topluluğa aktif olarak adanmakla erişiriz.

GENÇ: Aktif olarak adanmakla mı?

FİLOZOF: Yaşam görevlerimizle yüzleşiriz. Başka bir deyişle kendi başımıza adımlar atarız, ama iş, arkadaşlık ve sevgiyle ilgili kişilerarası ilişki görevlerinden kaçmadan yaparız bunu. Kendini "dünyanın merkezi" olarak görürsen, topluluğa adanmayla ilgili hiçbir şeyi düşünmezsin, çünkü o zaman herkes "senin için bir şey yapacak birisi"dir ve bir şeyleri senin yapmana gerek kalmaz. Ama sen dünyanın merkezi değilsin, ben de değilim. Kişinin kendi ayakları üstünde durması ve kişilerarası ilişkilerle ilgili görevlerini üstlenerek ileriye doğru adım atması gerekir. "Bu kişi bana ne verecek?" diye değil, "Ben bu kişiye ne verebilirim?" diye düşünmesi gerekir. Buna topluluğa adanmak denir.

GENÇ: Bir şeyler vererek mi sığınağımızı buluruz?

FİLOZOF: Evet. Aidiyet hissi kendi çabamızla elde ettiğimiz bir şeydir – bize doğuştan verilen bir şey değildir. Topluluk hissi Adler psikolojisinde en çok tartışılan temel kavramdır.

***

Kuşkusuz, genç adam bu kavramı başlangıçta kabul etmekte zorlanmıştı. Doğal olarak, benmerkezli olduğunun söylenmesi de onu üzmüştü. Ama kabullenmekte daha da zorlandığı şey evrenin ve cansız nesnelerin de dahil olduğu o topluluğun inanılmaz kapsamıydı. Adler ve bu filozof neden söz ediyordu? Hayret dolu bir ifadeyle, konuşmak üzere ağır ağır ağzını açtı.

DAHA BÜYÜK TOPLULUĞUN SESİNİ DİNLEMEK

GENÇ: İtiraf etmem gerekiyor ki yine aklım karışmaya başladı. Duruma biraz açıklık getirmeye çalışayım. Birincisi, kişilerarası ilişkilerin giriş kapısında görev ayrımı var ve hedef de topluluk hissi. Ayrıca diyorsunuz ki topluluk hissi "başkalarıyla yoldaşlık hissi"dir ve topluluk içinde "kişinin kendi sığınağına sahip olduğuna dair bir farkındalık"tır. Bu noktaya kadar, bunlar anlayabildiğim ve kabul edebildiğim şeyler. Ama ayrıntılar hâlâ biraz zorlama geliyor. Bir kere, "topluluk" dediğiniz şeyi tüm evreni, hatta geçmişi ve geleceği, canlı varlıklardan cansız nesnelere kadar her şeyi kapsayacak kadar genişletmekle neyi kastediyorsunuz?

FİLOZOF: Adler'in topluluk kavramını düz anlamda almak ve bunun evreni ve cansız nesneleri kapsadığını hayal etmek ne olduğunu anlamayı gerçekten de zorlaştırıyor. Şimdilik, topluluğun kapsamının sonsuz olduğunu söylemek yeterli.

GENÇ: Sonsuz mu?

FİLOZOF: Örnek olarak, emeklilik yaşına gelmiş ve çalışmayı bırakmış bir adamın hızla canlılığını yitirdiğini ve depresif bir ruh haline girdiğini düşünelim. Adam çalıştığı şirketten yani ait olduğu topluluktan ayrılmış, unvanından ve mesleğinden yoksun kalmış, böylece "sıradan bir hiç kimse" haline gelmiştir. Artık "normal" olduğu gerçeğini kabul edemediği için de neredeyse bir gecede yaşlanmıştır. Ama aslında adamın başına gelen şey şirketinden yani ufak topluluğundan kopmasıdır. Her kişi farklı bir topluluğa aittir. Ama genel olarak, her birimiz dünya topluluğuna ve evren topluluğuna aitiz.

GENÇ: Tam bir safsata! Durup dururken "evrene aitsin" demek saçma, sanki böyle bir şey birisine aidiyet hissi verebilirmiş gibi...

FİLOZOF: Haklısın, insan birdenbire tüm evreni hayal edemez. Yine de, yakın çevrende gördüğünün ötesinde –örneğin yaşadığın ülkenin veya yerel toplumun ötesinde– daha büyük bir topluluğa ait olduğuna ve o topluluğa bir şekilde katkıda bulunduğuna dair farkındalık kazanmanı isterim.

GENÇ: Peki ya şu durumda ne olur? Diyelim ki adamın biri evli değil, işini ve arkadaşlarını kaybetmiş, başkalarından kaçınıyor ve ebeveynlerinden kalan parayla hayatını sürdürüyor. Yani temelde bütün iş, arkadaşlık ve sevgi görevlerinden kaçıyor. Bu tür birisinin bile bir tür topluluğa ait olduğunu söyleyebilir misiniz?

FİLOZOF: Elbette. Adamın ekmek almaya gittiğini düşün. Bunun ücretini parayla ödüyor. O para sadece ekmeği pişiren kişilere gitmez. Un ve yağ üreticilerine, bu malzemeleri dağıtan kişilere, nakliye araçlarında kullanılan benzini tedarik edenlere, benzinin geldiği petrol üreten ülkelerdeki kişilere gider ve bu liste böyle devam eder. Dolayısıyla her şey birbiriyle bağlantılıdır. İnsanlar asla gerçek anlamda yalnız veya topluluktan ayrı değildir ve olamazlar.

GENÇ: O halde ekmek satın alırken daha çok mu fantezi kurmam gerektiğini söylüyorsunuz?

FİLOZOF: Bu fantezi değil. Gerçek. Adler'in sözünü ettiği topluluk evlerimiz ve toplumlar gibi görebildiğimiz şeyleri aşar ve göremediğimiz bağlantıları da kapsar.

GENÇ: Affedersiniz ama soyut teorilere kaçıyorsunuz. Burada ele almamız gereken konu aidiyet hissi ve "Burada olmak iyi" hissi. Ayrıca asıl gözümüzle gördüğümüz topluluğun verdiği aidiyet hissi daha güçlüdür. Buna katılıyorsunuz, değil mi? Örneğin "şirket" topluluğunu "dünya" topluluğuyla kıyasladığımıza, "Ben bu şirketin bir ferdiyim" diyen kişinin aidiyet hissi daha güçlü olur. Sizin terminolojinizi kullanmak gerekirse, kişilerarası ilişkilerin mesafesi ve derinliği burada tamamıyla farklıdır çünkü. Aidiyet hissi aradığımızda, daha küçük bir topluluğa çekim duymamız da gayet doğal.

FİLOZOF: Zekice bir gözlem. Tamam, birden fazla ve daha büyük toplulukların neden farkında olmamız gerektiğini düşünmeye başlayalım. Daha önce de dediğim gibi, hepimiz birden fazla topluluğa aitiz. Evlerimize, okullarımıza, işyerlerimize, yerel toplumlara ve yaşadığımız ülkelere aitiz. Bu noktaya kadar hemfikirsin değil mi?

GENÇ: Evet, hemfikirim.

FİLOZOF: Farz et ki bir öğrenci olarak, ait olduğun topluluğun yani okulun mutlak olduğunu düşünüyorsun. Yani okul senin için her şey, "ben"in okul sayesinde var ve okul olmadan herhangi bir "ben" senin için mümkün değil. Ama doğal olarak, o toplulukta zorluklarla karşılaştığın zamanlar olacaktır. Zorba davranışlarla karşılaşmak, arkadaşlık kuramamak, derslerini takip edememek veya okul sistemine uyum sağlayamamak gibi zorluklar olabilir bunlar. Demek ki ait olduğun topluluğa yani okula ilişkin, "Burada olmak iyi" türünden bir aidiyet hissinin olmaması mümkün.

GENÇ: Evet, kesinlikle. Gayet mümkün.

FİLOZOF: Böyle olduğunda, okulunun senin için her şey olduğunu düşünürsen, hiçbir şeyle ilgili aidiyet hissin olmaz. Sonra evin gibi daha ufak bir topluluğa kaçarsın. Kendini dış dünyaya kapatırsın, hatta kendi aile fertlerine şiddet uygulayabilirsin. Bu tür şeyler yaparak bir şekilde aidiyet hissi kazanmaya çalışırsın. Ama burada odaklanmanı istediğim şey şu ki, "apayrı bir topluluk" vardır, ayrıca "daha büyük bir topluluk" da vardır.

GENÇ: Bu ne anlama geliyor?

FİLOZOF: Okulun sınırlarının ötesine uzanan daha büyük bir dünya var. Ayrıca her birimiz o dünyanın bir üyesidir. Okulunda sığınacak bir yer yoksa, okulun duvarlarının dışında sığınacak farklı bir yer bulman gerekir. Okul değiştirebilirsin, okuldan ayrılmakta bir sorun yok. Zaten ayrılma dilekçesi verip ilişkilerini öylece sonlandırabileceğin bir topluluk fazla bağın olmayan bir topluluktur. Dünyanın ne kadar büyük olduğunu anladığında, okulda çektiğin bütün zorlukların bir bardak suda kopan fırtına olduğunu görürsün. O bardaktan ayrıldığın anda, şiddetli fırtına durulur ve onun yerine seni hafif bir esinti karşılar.

GENÇ: İnsan kendini bardağa hapsettiği müddetçe, dışarıda şansının kalmadığını mı söylüyorsunuz?

FİLOZOF: Odana kapanarak dünyadan koparsın, fırtınada ufacık bir sığınakta kıvrılıp beklemek gibidir bu. Kısa bir süreliğine yağmurdan korunmuş olursun belki ama sonra fırtına bütün şiddetiyle devam edecektir.

GENÇ: Belki teoride öyle. Ama kurtulmak zor. Okuldan ayrılma kararı hafife alınacak bir şey değil.

FİLOZOF: Haklısın – kolay bir şey değil. Dolayısıyla unutmamanı istediğim bir eylem ilkesi var. Kişilerarası ilişkilerimizde zorluklarla karşılaştığımızda veya çıkış yolu bulamaz hale geldiğimizde, ilk olarak ve öncelikle "Daha büyük topluluğun sesini dinle" diyen ilkeyi göz önüne almamız gerekir.

GENÇ: Daha büyük topluluğun sesi mi?

FİLOZOF: Söz konusu olan okulsa, insan bir şeylere okul denen topluluğun mantığıyla karar vermemeli; bunun yerine, daha geniş bir topluluğun mantığını izlemeli. Diyelim ki senin okulundan söz ediyoruz ve öğretmenin otoriter bir tavır sergiliyor. Ama öğretmeninin sahip olduğu iktidar veya otorite sadece okul denen ufak topluluğun mantığı dahilinde işliyor. "İnsan toplumu" olan topluluğun perspektifinden bakarsak, sen ve öğretmenin eşit insanlarsınız. Senden makul olmayan taleplerde bulunuluyorsa, bunlara doğrudan itiraz etmenin bir mahsuru yok.

GENÇ: Ama öğretmen karşımda dururken bunlara itiraz etmek çok zor olacaktır.

FİLOZOF: Hiç de zor değil. Buna "sen ve ben" ilişkisi deniyor olabilir ama sırf sen bir şeye itiraz ediyorsun diye bozuluyorsa, zaten en baştan girilmemesi gereken bir ilişkidir. Bundan vazgeçmenin bir mahsuru yoktur. İlişkilerimiz bozulacak diye korku içinde yaşamak özgür olmayan bir yaşam tarzıdır ve başkaları için yaşamaktır.

GENÇ: Hem özgürlüğü hem de topluluk hissini seçmem gerektiğini mi söylüyorsunuz?

FİLOZOF: Evet, tabii. Karşındaki ufak topluluğa takılıp kalma. Her zaman daha fazla "sen ve ben" ve "herkes" olacaktır, halihazırda olanlardan daha büyük topluluklar olacaktır.

NE AZARLA NE ÖV

GENÇ: Peki, tamam. Ama görmüyor musunuz? Esas noktaya değinmediniz: Görev ayrımından topluluk hissine geçiş nasıl olacak? Önce görevleri ayırıyorum. Görevlerimin o noktaya kadar olduğunu, gerisinin başkalarının görevleri olduğunu düşünüyorum. Başkalarının işlerine karışmıyorum, başkaları da benim işlerime karışmasın diye bir sınır çiziyorum. Ama görev ayrımıyla kişilerarası ilişkiler inşa edip sonunda "Burada olmak iyi" diye topluluk hissine nasıl varabiliriz ki? Adler psikolojisi iş, arkadaşlık ve sevgiden oluşan yaşam görevlerinin üstesinden gelmemiz için nasıl bir tavsiye veriyor? Soyut laflarla kafamı karıştırıp somut açıklamalar yapmaktan kaçınıyor gibi bir haliniz var.

FİLOZOF: Evet, önemli bir noktaya değindin. Görev ayrımı ile iyi ilişkiler kurmak arasında nasıl bir bağlantı var? Başka bir deyişle görev ayrımı işbirliği yaptığımız ve birbirimizle uyum içinde hareket ettiğimiz ilişkiler kurmaya nasıl bağlanıyor? Bu bizi "yatay ilişki" kavramına getiriyor.

GENÇ: Yatay ilişki mi?

FİLOZOF: Kolay bir örnekle, ebeveyn-çocuk ilişkisiyle başlayalım. Sözgelimi çocuk yetiştirme konusunda olsun, işyerinde genç personel eğitimi konusunda olsun, genellikle iki yaklaşım vardır. Biri azarlayarak yetiştirmek, diğeri övgüyle yetiştirmek.

GENÇ: Aa, bu hararetli bir tartışma konusu.

FİLOZOF: Sence hangisi daha iyi bir tercih? Azarlamak mı, övmek mi?

GENÇ: Elbette övgüyle yetiştirmek daha iyi.

FİLOZOF: Neden?

GENÇ: Mesela hayvan eğitimini ele alalım. Hayvanlara numaralar öğretirken, kırbaçla itaat etmelerini sağlayabilirsiniz. Tipik "azarlayarak yetiştirme" yöntemi budur. Öte yandan hayvanlara yiyecek ödülleri vererek veya güzel sözler söyleyerek de numaralar öğretilebilir. Bu da "överek yetiştirme"dir. Her iki yöntem de aynı sonuçları verebilir – iki türlü de hayvan yeni numaralar öğrenir. Ama hayvan bunu azarlanacağı için yaptığında veya övülmek istediği için yaptığında, hedefe doğru ilerleme motivasyonu bambaşka olacaktır. Övgü durumda hedefe mutluluk hissiyle ulaşacaktır. Azarlama durumundaysa hedefe korkuyla ulaşacaktır. Ama övgüyle yetiştirmek doğal olarak güçlü ve sağlıklı olmasını sağlar. Buna bana bariz bir sonuç gibi geliyor.

FİLOZOF: Hayvan eğitimi ilginç bir örnek. Şimdi, buna Adler psikolojisi perspektifinden bakalım. Adler psikolojisinde, çocuk yetiştirme ve başkalarıyla her türlü iletişim konusunda "Övmemek gerek" yaklaşımını benimseriz.

GENÇ: Övmemeli miyiz?

FİLOZOF: Tabii ki fiziksel ceza söz konusu olamaz ve azarlama da reddedilir. Ne övmeli, ne de azarlamalıyız. Adler psikolojisinin duruşu budur.

GENÇ: Ama bu nasıl mümkün olabilir?

FİLOZOF: Övgüde bulunmanın ne olduğunu bir düşün. Örneğin söylediğin bir şeye karşılık, "Aferin!" diyerek seni övdüm. Bunu duymak biraz garip hissettirmez mi?

GENÇ: Evet, sanırım keyfimi kaçırır.

FİLOZOF: Neden keyfini kaçırır, açıklayabilir misin?

GENÇ: "Aferin!" ifadesinin tatsız bir his yaratmasının nedeni bunu söyleyen kişinin bana tepeden bakarak konuşması.

FİLOZOF: Çok doğru. Övgü eyleminde, "bir konuda bilgi ve güç sahibi olan birinin bilgi ve güç sahibi olmayan biri hakkında hüküm vermesi" söz konusu. Bir anne akşam yemeğini hazırlaması için kendisine yardım eden çocuğunu "Çok iyi bir yardımcısın" diyerek över. Ama kocası aynı şeyi yaptığında ona "Çok iyi bir yardımcısın" demeyeceğinden emin olabilirsin.

GENÇ: Ha-ha, bu konuda haklısınız.

FİLOZOF: Başka bir deyişle çocuğunu "Çok iyi bir yardımcısın" veya "Aferin!" ya da "Ne kadar beceriklisin!" diyerek öven bir anne farkında olmadan hiyerarşik bir ilişki yaratır ve çocuğu kendisinden aşağı görür. Az önce verdiğin hayvan eğitme örneği de övgünün ardındaki hiyerarşik ilişkileri –dikey ilişkileri– simgeliyor. Bir kişi başka bir kişiyi övdüğünde, buradaki hedef "senden daha az bilgiye veya güce sahip birisini manipüle etmek"tir. Minnet ya da saygı hissinden değildir.

GENÇ: O halde insanların manipüle etmek için mi övgüde bulunduğunu söylüyorsunuz?

FİLOZOF: Evet. Başkalarını övsek de azarlasak da, aradaki tek fark havuç veya sopadır, altta yatan hedef ise manipülasyondur. Adler psikolojisinin ödül-ceza eğitimini bu kadar çok eleştirmesinin nedeni de bunun çocukları manipüle etme hedefidir.

GENÇ: Olamaz, bu konuda yanılıyorsunuz. Çocuğun bakış açısından düşünün. Çocuklar için en büyük mutluluk ebeveynleri tarafından övülmek değil midir? Övgü duymak istedikleri için derslerine çalışırlar. Övgü duymak istedikleri için uslu akıllı davranmayı öğrenirler. Ben çocukken, durum benim için böyleydi. Ebeveynlerimden övgü duymayı ne kadar da çok isterdim! Yetişkin olduktan sonra bile bu değişmedi. Patronunuz sizi övdüğünde, kendinizi iyi hissedersiniz. Herkes için böyledir. Bunun mantıkla alakası yok – içgüdüsel bir duygu!

FİLOZOF: İnsan bir başkası tarafından övülmek ister. Ya da birisini övmeye karar verir. Bu, kişinin bütün kişilerarası ilişkileri "dikey ilişkiler" olarak gördüğünün kanıtıdır. Senin için de geçerli; övgü duymak istediğin için dikey ilişkilerle yaşıyorsun. Adler psikolojisi her türlü dikey ilişkiyi reddeder ve bütün kişilerarası ilişkilerin yatay ilişkiler olmasını önerir. Bir bakıma bu husus Adler psikolojisinin temel ilkesi olarak görülebilir.

GENÇ: "Eşit ama aynı değil" ifadesinde böyle bir şey mi söz konusu?

FİLOZOF: Evet. Eşit yani yatay. Örneğin bütün ev işlerini yapan eşlerine şöyle şeyler söyleyerek sözlü olarak taciz eden adamlar vardır: "Eve para getiren değilsin, o yüzden bunu duymak istemiyorum" ya da "Benim sayemde masada yemek var". Eminim ki şunu duymuşsundur: "Bir elin yağda bir elin balda, ne diye şikâyet ediyorsun ki?" Son derece utandırıcı sözler. Ekonomik üstünlükle ilgili bu gibi sözlerin insana verilen değerle hiçbir alakası yoktur. Bir şirket çalışanının ve tam zamanlı bir ev hanımının sadece işyerleri ve rolleri farklıdır ve gerçekten de "eşit ama aynı değil"lerdir.

GENÇ: Tamamıyla katılıyorum.

FİLOZOF: Böyle adamlar kadınların durumlarının farkına varıp erkeklerden daha fazla para kazanmaya başlamasından ve kendilerini göstermesinden korkar. Bütün kişilerarası ilişkileri dikey ilişkiler olarak görürler ve kadınlar tarafından aşağı görülmekten korkarlar. Yani yoğun ve gizli aşağılık duyguları vardır.

GENÇ: O halde bir bakıma güçlerini sergilemeye çalıştıkları bir üstünlük kompleksine mi girerler?

FİLOZOF: Öyle görünüyor. Bir kere, aşağılık duygusu dikey ilişkilerde ortaya çıkan bir şeydir. Herkesle "eşit ama aynı değil" tarzı yatay ilişkiler kurabilirsek, aşağılık komplekslerinin ortaya çıkacağı bir yer kalmaz.

GENÇ: Hımm. Belki de başkalarını övdüğümde, içten içe manipülasyon amacı taşıyorumdur. Patronumun gözüne girmek için ona yağ çekmem kesinlikle manipülasyon, öyle değil mi? Tersi de geçerli. Ben de başkaları tarafından övüldüğümde manipüle ediliyorum. Tuhaf, galiba ben de böyleyim işte!

FİLOZOF: Evet, dikey ilişkileri kıramaman anlamında, öyle görünüyor.

GENÇ: Konu giderek ilginç bir hal alıyor! Lütfen devam edin!

CESARETLENDİRME YAKLAŞIMI

FİLOZOF: Görev ayrımıyla ilgili tartışmamızdan hatırlayacağın üzere, müdahale konusunu açmıştım. Yani başkalarının görevlerine karışma eylemi. Peki, kişi neden müdahale eder? Burada da arkaplanda dikey ilişkiler söz konusu. Kişi aslında kişilerarası ilişkileri dikey ilişkiler olarak ve diğer tarafı kendisinden aşağı gördüğü için müdahale eder. Müdahale aracılığıyla, kişi diğer tarafı arzu ettiği yöne çeker. Kendisinin haklı olduğuna, diğer tarafın haksız olduğuna inanmıştır. Tabii buradaki müdahale düpedüz manipülasyondur. Bir çocuğun ders çalışmasını emreden ebeveynler de bunun tipik bir örneğidir. Kendilerince pekâlâ iyi niyetle hareket ediyor olabilirler ama sonuç olarak ebeveynler müdahalecidir ve çocuklarını arzu ettikleri yöne çekmek için manipüle etmeye çalışırlar.

GENÇ: Peki yatay ilişkiler kurduğumuzda, o müdahale sona erer mi?

FİLOZOF: Evet, sona erer.

GENÇ: Mesele çocuğun dersleri olduğunda tamam. Ama karşımızda acı çeken bir varsa, onu öylece kendi haline bırakamazsınız değil mi? Yardım eli uzatmanın müdahale olduğunu söyleyip hiçbir şey yapmadan durabilir misiniz?

FİLOZOF: Bunu görmezden gelmemeliyiz tabii. Müdahaleye varmayan bir yardım sunmak gerekir.

GENÇ: Müdahale ve yardım arasındaki fark nedir?

FİLOZOF: Görev ayrımıyla ilgili tartışmamızda ele aldığımız, çocuğun ders çalışmasıyla ilgili konuyu düşünelim. O zaman da dediğim gibi, dersleri çocuğun kendisinin halletmesi gereken bir görevdir, ebeveynlerinin veya öğretmenlerinin onun yerine yapabileceği bir şey değildir. Dolayısıyla müdahale başkalarının görevlerine karışmak ve onlara "Ders çalışman gerek" veya "O üniversiteye gireceksin" gibi şeyler söyleyerek yönlendirmektir. Öte yandan yardım etmek görev ayrımını ve yatay ilişkileri şart koşar. Ders çalışmanın çocuğun görevi olduğunu anlayan bir kişi onun için ne yapabileceğini düşünür. Somut olarak konuşmak gerekirse, tepeden emir vererek çocuğun ders çalışması gerektiğini söylemek yerine, derslerine çalışmasını ve görevleriyle kendi başına yüzleşmesini sağlayacak güveni kazanabileceği bir şekilde davranır.

GENÇ: Bu eylem zorlama değil midir?

FİLOZOF: Hayır, değildir. Zorlama olmadan ve görevleri ayrı tutarak, çocuğun bunları kendi çabalarıyla çözmesine yardımcı oluruz. "Atı su kenarına götürebilirsin ama su içmeye zorlayamazsın" yaklaşımı. Görevleriyle yüzleşmesi ve çözümü bulması gereken kişi çocuktur.

GENÇ: O halde ne övüyoruz ne de azarlıyoruz, öyle mi?

FİLOZOF: Öyle, övmüyoruz da, azarlamıyoruz da. Adler psikolojisinde, yatay ilişkilere dayalı bu tür yardımlara "cesaretlendirme" denir.

GENÇ: Cesaretlendirme mi? Evet, daha önce bu terimi kullanmıştınız. Daha sonra açıklayacağınızı söylemiştiniz.

FİLOZOF: Kişi görevlerini yerine getirmediğinde, bunun nedeni beceriksiz olması değildir. Adler psikolojisi bize der ki, buradaki mesele beceri değildir, esasında "kişi görevleriyle yüzleşme *cesaretini* kaybetmiştir". Durum böyleyse, öncelikle yapılması gereken şey o cesareti geri kazanmaktır.

GENÇ: Ama dönüp dolaşıp aynı yere geliyoruz! Övgüde bulunmakla aynı şey bu. Birisi beni övdüğünde, gerçek anlamda kendi becerilerimin farkına varıp cesaretimi geri kazanırım. Lütfen bu konuda inatçı davranmayın – övgüde bulunmanın gerekli olduğunu kabul edin işte.

FİLOZOF: Hayır, bunu kabul edemem.

GENÇ: Neden?

FİLOZOF: Nedeni açık. Övülmek insanların beceriksiz olduklarına inanmalarına neden olur.

GENÇ: Ne dediniz?

FİLOZOF: Tekrar mı edeyim? Birisi bir başkası tarafından ne kadar çok övülürse, becerisi olmadığına o kadar çok inanır. Lütfen bunu aklından çıkarma.

GENÇ: Bu kadar aptal insanlar var mı? Tam tersi olması gerek! Bir kişi övülmenin sonucunda becerilerini gerçek anlamda fark eder. Bariz değil mi?

FİLOZOF: Yanılıyorsun. Övülmek seni mutlu etse bile, dikey ilişkilere bağımlı olmana ve hiçbir becerin olmadığını kabul etmene yol açar. Çünkü övgüde bulunmak beceri sahibi birisinin beceri sahibi olmayan birisine verdiği yargıdır.

GENÇ: Bunu kabul edemiyorum.

FİLOZOF: Övgü duymak birisinin hedefi haline geldiğinde, bir başka kişinin değerler sistemine uygun bir yaşam tarzı seçiyor demektir. Şu güne kadarki hayatına bir bak, ebeveynlerinin beklentilerine göre yaşamaya çalışmaktan yorulmadın mı?

GENÇ: Şey, evet. Sanırım, yoruldum.

FİLOZOF: İlk olarak, görev ayrımı yap. Sonra, başkalarıyla aradaki farklılıkları kabul ederken, eşit ve yatay ilişkiler inşa et. Cesaretlendirme bir sonraki yaklaşımdır.

DEĞERLİ OLDUĞUNU NASIL HİSSEDERSİN

GENÇ: O halde somut olarak bunu nasıl yapabiliriz? Ne övgüde bulunabiliyoruz ne de azarlayabiliyoruz. Bunlar yerine başka hangi kelimeler ve seçenekler var?

FİLOZOF: Derslerin konusunda yardım aldığın bir zamanı düşün – bir çocuktan değil de dengin olan bir arkadaştan. Büyük ihtimalle cevabı hemen göreceksin. Bir arkadaşın evini temizlemene yardım ettiğinde ona ne dersin?

GENÇ: "Teşekkür ederim" derim.

FİLOZOF: Evet. Minnet dolu sözler söyler, sana işinde yardım eden bu arkadaşa teşekkür edersin. Belki sevincini açıkça ifade edersin: "Geldiğine çok sevindim." Ya da teşekkürünü "Eline sağlık, büyük yardımdı" diyerek dile getirirsin. Bu, yatay ilişkilere dayalı bir cesaretlendirme yaklaşımıdır.

GENÇ: O kadar mı?

FİLOZOF: Evet. En önemli şey başkalarını yargılamamaktır. Yargı dikey ilişkilerden çıkan bir kelimedir. Bir kişi yatay ilişkiler kuruyorsa, doğrudan minnet, saygı ve mutluluk ifadeleri kullanır.

GENÇ: Hımm, yargının dikey ilişkiler tarafından yaratıldığıyla ilgili iddianız kuşkusuz doğru görünüyor. Ama şuna ne dersiniz? "Teşekkür ederim" sözünün gerçekten de cesareti geri getirebilecek kadar büyük bir gücü var mıdır? Duyduğum sözler dikey ilişkilerden geliyor olsa bile sonuçta övülmeyi tercih ederim galiba.

FİLOZOF: Övülmek esasında şu anlama gelir: Birisi senin bir şeyde "iyi" olduğuna dair bir yargı verir. O şeyde ne kadar iyi veya kötü olduğuna dair ölçütü de o kişi koymuş olur. Övgü peşinde olduğunda, başkasının ölçütüne uyum sağlamaktan başka seçeneğin olmaz ve böylece kendi özgürlüğünü kısıtlamış olursun. Öte yandan "Teşekkür ederim" sözü yargıdan ziyade bariz bir minnet ifadesidir. Minnet dolu sözler duyduğunda, diğer kişiye bir katkıda bulunduğunu anlarsın.

GENÇ: O halde birisi benim bir şeyde "iyi" olduğuma dair yargı verdiğinde, katkıda bulunduğumu hissetmem, öyle mi?

FİLOZOF: Aynen öyle. Ele alacağımız bir sonraki konuya da bağlanıyor bu. Adler psikolojisinde "katkı" konusu çok önemlidir.

GENÇ: Neden?

FİLOZOF: Cesaret kazanmak için ne yapmamız gerekir? Adler'e göre, "Kişi ancak değerli olduğunu hissettiğinde cesarete sahip olabilir."

GENÇ: Değerli olduğunu hissettiğinde mi?

FİLOZOF: Aşağılık duygusundan söz ederken, bunun öznel bir değer meselesi olduğunu söylemiştim, hatırlıyor musun? Kişi değerli olduğunu hissedebilirse, kendini olduğu gibi kabullenebilir ve yaşam görevleriyle yüzleşme cesaretine sahip olur. Dolayısıyla burada şöyle bir soru ortaya çıkıyor: Değerli olduğunu hisseder hale nasıl geleceksin?

GENÇ: Evet, aynen öyle! Lütfen bunu bana net olarak açıklayın.

FİLOZOF: Çok basit. Ancak "Topluma bir faydam dokunuyor" diye hissettiğinde gerçek değerini anlarsın. Adler psikolojisinde sunulan cevap budur.

GENÇ: Topluma bir faydamın dokunması mı?

FİLOZOF: Toplum için bir şeyler yapabildiğimizi, yani başkaları için bir şeyler yapabildiğimizi hissedebilmek, "Birilerine faydam dokunuyor" diye hissedebilmek. Bir şeyde "iyi" olduğuna başkası tarafından karar verildiğini hissetmek yerine, kendi öznel bakış açınla, "Başkalarına katkıda bulunabiliyorum" diye hissedebilmek. Nihayet böylece değerimizi gerçekten anlayabiliriz. Topluluk hissi ve cesaretlendirmeyle ilgili ele aldığımız her şey burada birleşiyor.

GENÇ: Hımm. Bilemiyorum, konu biraz karmaşık bir hal aldı.

FİLOZOF: Şimdi meselenin kalbine varıyoruz. Biraz daha sabretmeni rica ediyorum. Mesele başkalarıyla ilgilenmek, yatay ilişkiler kurmak ve cesaretlendirme yaklaşımını benimsemek. Tüm bunlar "Birilerine faydam dokunuyor" diye derin bir yaşam bilinciyle, dolayısıyla da yaşama cesaretiyle ilişkili.

GENÇ: Birisine faydamın dokunması. Hayatım bu yüzden mi yaşamaya değer?

FİLOZOF: Biraz mola verelim. Kahve ister misin?

GENÇ: Evet, lütfen.

***

Topluluk hissi konusu daha da kafa karıştırıcı hale gelmişti. *Övmemek gerek. Azarlamamak gerek. Başkalarını yargılarken kullanılan bütün sözler dikey ilişkilerden geliyor, dolayısıyla yatay ilişkiler kurmamız gerekiyor. Ancak birilerine faydamız dokunduğunu hissettiğimizde değerimizi anlayabiliyoruz.* Burada büyük bir mantık hatası vardı. Genç adam bunu içgüdüsel olarak hissetmişti. Sıcak kahvesini yudumlarken aklına büyükbabası geldi.

ŞİMDİDE VAR OLMAK

FİLOZOF: Evet, konu açıklık kazandı mı?

GENÇ: Evet, yavaş yavaş açıklığa kavuşuyor. Siz farkında değilsiniz sanırım ama az önce çok abartılı bir şey söylediniz. Dünyadaki her şeye ters düşen tehlikeli ve uç bir fikir.

FİLOZOF: Öyle mi? Nedir o?

GENÇ: "Kişi değerini birilerine faydalı olarak gerçek anlamda fark eder" fikri. Tersini düşünürsek, başkalarına hiç faydalı olmayan birisinin hiçbir değeri yok. Bunu söylüyorsunuz değil mi? Şayet bunu mantıksal sonucuna götürürsek, o halde yeni doğan bebeklerin, kötürümlerin ve yatalak yaşlıların hayatlarının bir değeri yok. Bu nasıl mümkün olabilir? Büyükbabamdan söz edeyim. Günlerini bir huzurevinde yatalak halde geçiriyor. Demansı olduğu için, çocuklarını ve torunlarını tanımıyor, sürekli bakım olmadan yaşayamayacak durumda. Birilerine faydasının dokunduğunu düşünmek mümkün değil. Anlamıyor musunuz? Sunduğunuz fikir temelde büyükbabama şunu söylüyor: "Senin gibi insanlar yaşamayı hak etmiyor."

FİLOZOF: Bunu kesin olarak reddediyorum.

GENÇ: Bunu nasıl reddedersiniz?

FİLOZOF: Cesaretlendirme kavramına dair yaptığım açıklamaya şöyle sözlerle karşı çıkan ebeveynler var: "Bizim çocuk bütün gün yaramazlık yapıyor, bu yüzden ona 'Teşekkür ederim' ya da 'Eline sağlık' deme fırsatımız olmuyor." Sen de aşağı yukarı böyle bir bağlamdan söz ediyorsun, öyle değil mi?

GENÇ: Evet, öyle. Bunu nasıl gerekçelendirdiğinizi anlatın lütfen.

FİLOZOF: Bu bağlamda söz konusu kişiye sadece eylemleri düzleminde bakıyorsun. Başka bir deyişle o kişiyi yaptığı şeyler üzerinden değerlendiriyorsun. Dolayısıyla bu bakış açısıyla yatağa mahkûm yaşlılar külfet olarak ve kimseye faydası dokunmayan kişiler olarak görünüyor olabilir. Bu yüzden yaşlı kişilere "eylemler düzlemi"nde değil "varlık düzlemi"nde bakalım. Böyle insanların bir şey yapıp yapmadığı konusunda yargıda bulunmadan, sırf orada oldukları, sırf var oldukları için memnuniyet duyarız ve onlara minnet dolu sözler söyleriz.

GENÇ: Var olmalarına minnet mi duyarız? Neden söz ediyorsunuz?

FİLOZOF: Şayet durumu varlık düzleminde değerlendirdiğimizde, başkalarına faydamızın dokunduğunu ve sırf burada olmamız itibariyle değerli olduğumuzu görürüz. Aksi kanıtlanamayacak bir gerçek bu.

GENÇ: İmkânsız! Bu kadar makara yeter. Sırf var olman itibariyle birilerine faydanın dokunması – bu fikir yeni türemiş bir dine* dayanıyor olmalı.

---

* Japonya'da "yeni dinler" (*shin shukyo*) olarak adlandırılan fenomen. Japonya'da modernleşme hareketlerinin başladığı 19. yüzyıl ortasından beri, başlıca Şinto ve

FİLOZOF: Diyelim ki annen bir kaza geçirdi. Durumu ciddi ve hayatını kaybetme ihtimali var. Böyle bir durumda annenin bir şey yapıp yapmadığını düşünmezsin. Çok büyük bir ihtimalle, sırf hayatta kalması bile seni mutlu eder ve o sırada hayatta olduğuna şükredersin.

GENÇ: Tabii ki öyle!

FİLOZOF: Varlık düzleminde minnet duymak bu anlama geliyor. Annen o kritik durumda eylem sayılabilecek bir şey yapmıyor olabilir ama sadece hayatta kalarak sana ve ailene psikolojik olarak destek olur ve bu şekilde bir faydası olur. Aynı şey senin için de söylenebilir. Hayatın tehlikede ve pamuk ipliğine bağlı olsaydı, etrafındaki insanlar muhtemelen sırf var olduğun için çok mutlu olurlardı. Senin burada ve şu anda güvende olmana şükrederler, doğrudan bir eylemde bulunmanı beklemezlerdi. En azından, böyle düşünmemeleri için bir neden olmazdı. Dolayısıyla kişi kendini eylemler düzleminde düşünmek yerine, öncelikle varlık düzleminde kabul eder.

GENÇ: Bu uç bir örnek – gündelik hayat farklı.

FİLOZOF: Hayır, aynı.

GENÇ: Neresi aynı? Bana daha gündelik bir örnek verin lütfen. Bunu yapamazsanız, sizinle bu konuda hemfikir olamam.

FİLOZOF: Tamam. Başkalarına baktığımızda, birtakım kıyas-

Buddhizm'e dayanan onlarca dini ve ruhani hareket ortaya çıkmış, mezhep ya da başlı başına yeni bir dinsel oluşum olan bu hareketler daha sonra topluca "yeni dinler" (*shin shukyo*) olarak adlandırılmıştır. Günümüzde Japonya'da bu dini ve ruhani oluşumların pek çoğunun kendi tapınakları ve sayıları yüz binleri veya milyonları bulan üyeleri vardır. (e.n.)

lamalarla kendimize dair ideal imgeler oluşturmaya meylederiz ve bunlardan çıkarımlar yaparak yargıda bulunuruz. Sözgelimi şöyle bir çocuğu ele alalım. Ebeveynlerine asla ters cevap vermiyor, okulda ve sporda çok başarılı oluyor, sonra iyi bir üniversiteye gidiyor, en sonunda da büyük bir şirkette çalışmaya başlıyor. Bazı ebeveynler kendi çocuklarını böyle bir ideal çocuk imgesiyle kıyaslar –ki bu ideal çocuk aslında imkânsız bir kurgudur– ve bunun üzerine yakınmaya başlayıp memnuniyetsizliğe kapılır. İdealleştirilmiş imgeye yüz puan olarak bakarlar ve kendi çocuklarını buna istinaden puanlarlar. Bu gerçekten de "yargılayıcı" bir düşünce tarzıdır. Bunun yerine ebeveynler çocuklarını başkalarıyla kıyaslamaktan kaçınabilir, onu gerçekte olduğu gibi görebilir ve sırf orada olduğu için minnet hissedebilirler. İdealleştirilmiş bir imge üzerinden puan kırmak yerine sıfırdan başlayabilirler. Bunu yaptıklarında onun varlığına seslenebilecek hale gelirler.

GENÇ: Tamam ama bunun idealist bir yaklaşım olduğunu düşünüyorum. O halde asla okula gitmeyen veya bir işe girmeyen, kendini eve kapatıp dışarı çıkmayan bir çocuğa bile minnet hissini iletmek ve "Teşekkür ederim" mi demek gerek?

FİLOZOF: Elbette. Diyelim ki eve kapanmış çocuğun yemekten sonra bulaşıkları yıkamana yardım etti. Bu durumda "Tamam, yeter, git dersine çalış" dersen, ideal bir çocuk imgesi üzerinden puan kıran ebeveynler gibi davranmış olursun. Böyle bir yaklaşım benimsersen, çocuk büyük ihtimalle cesaretini daha da çok kaybeder. Ama doğrudan "Teşekkür ederim" diyebilirsen, çocuk kendi değerini hissedebilir ve ileriye doğru yeni bir adım atabilir.

GENÇ: Ama bu resmen ikiyüzlülük! İkiyüzlü birinin saçma sapan laflarından başka bir şey değil. Hıristiyanların "komşu sevgisi" gibi bir şey. Topluluk hissi, yatay ilişkiler ve birinin varlığına minnet duyma. Böyle şeyleri kim yapabilir ki?

FİLOZOF: Topluluk hissi konusunda Adler'e de benzer bir soru sorulmuştu. Adler de şöyle cevap vermişti: "Birisinin başlaması gerek. Başkaları işbirliği yapmayabilir ama bu seni bağlamaz. Benim önerim şu: Sen başla. Başkalarının işbirliği yapıp yapmamasına aldırma." Benim tavsiyem de tıpatıp aynı.

İNSANLAR BENLİKLERİNİ DOĞRU KULLANAMAZ

GENÇ: Ben mi başlamalıyım?

FİLOZOF: Evet. Başkalarının işbirliği yapıp yapmamasına aldırmadan.

GENÇ: Peki, tekrar sorayım. "İnsanlar sırf hayatta olmaları itibariyle başkalarına faydalı olabilir ve sırf hayatta olmaları itibariyle değerlerinin gerçek anlamda farkında olabilirler." Bunu mu söylemek istiyordunuz?

FİLOZOF: Evet.

GENÇ: Bilemiyorum. Hayattayım ve şu anda buradayım. "Ben", yani başkası değil kendim, şu anda ve burada hayattayım. Ama buna rağmen değerli olduğumu hissettiğimi söyleyemem.

FİLOZOF: Neden değerli hissetmediğini anlatabilir misin?

GENÇ: Sanırım kişilerarası ilişkiler dediğiniz durum yüzünden. Çocukluğumdan beri etrafımdaki kişiler tarafından hep küçümsendim, özellikle de ebeveynlerim tarafından hayırlı bir evlat sayılmayarak hor görüldüm. Beni asla olduğum kişi olarak kabul etmeye çalışmadılar. Siz değerin kişinin kendisine verdiği bir şey olduğunu söylüyorsunuz. Ama bu uygulanması mümkün olmayan bir teori. Örneğin çalıştığım kütüphanede işim büyük ölçüde iade edilen kitapları ayırmak ve raflara yerleştirmek. Öğretildiği takdirde herkesin yapabileceği basit bir iş. İşe bıraksam, patronum yerime birini bulmakta zorlanmaz. Bana sadece yaptığım vasıfsız iş için ihtiyaç var ve orada çalışan kişinin "ben" veya başka biri olması, hatta bir makine olması hiç önemli değil. Kimsenin özellikle "bu ben"e ihtiyacı yok. Bu şartlar altında siz kendinize güvenir miydiniz? Gerçek bir değer hissine sahip olabilir miydiniz?

FİLOZOF: Adler psikolojisi perspektifinden cevap basit. Öncelikle kendinle bir başka kişi arasında yatay bir ilişki kur. Tek bir ilişki yeterli. Oradan başla.

GENÇ: Lütfen bana aptalmışım gibi davranmayın! Bakın, benim arkadaşlarım var. Onlarla sağlam yatay ilişkiler kuruyorum.

FİLOZOF: Yine de ebeveynlerinle ve patronunla, iş arkadaşlarınla ve diğer kişilerle muhtemelen dikey ilişkiler kuruyorsun.

GENÇ: Tabii ki farklı ilişkilerim var. Herkes için aynı şey geçerlidir.

FİLOZOF: Bu çok önemli bir konu. Dikey ilişkiler mi kuruyoruz, yatay ilişkiler mi? Bu bir yaşam tarzı meselesi; insanlar ihtiyaç halinde farklı yaşam tarzlarına geçebilecek kadar zeki değildir. Yani "şu kişiye eşit" olduğuna veya "bu kişiyle hiyerarşik bir ilişkide olmaya" öylece karar vermek mümkün değildir.

GENÇ: Ya birinde ya diğerinde, ya dikey ya yatay ilişkilerde karar kılmak zorunda olduğumuzu mu söylüyorsunuz?

FİLOZOF: Kesinlikle, evet. Tek bir dikey ilişki bile kurarsan, farkına bile varmadan bütün kişilerarası ilişkilerine dikey ilişkiler gibi davranmaya başlarsın.

GENÇ: Arkadaşlarımla olan ilişkilerime bile dikey ilişkiler gibi mi davranıyorum?

FİLOZOF: Evet. Onlara patronluk taslamıyor ya da buyurgan davranmıyor olsan bile, "A benim üstümde, B altımda" diye düşünürsün. Ya da "A'nın tavsiyesine uyacağım ama B'nin dediğini gözardı edeceğim" veya "C'ye verdiğim sözü yerine getirmemek umurumda değil" diye düşünürsün.

GENÇ: Hımm!

FİLOZOF: Öte yandan en az bir kişiyle yatay bir ilişki kurmayı başarmışsak –yani gerçek anlamda bir eşitlik ilişkisi kurmayı başarmışsak– bu büyük bir yaşam tarzı dönüşümü olur. Bu dönüm noktasıyla birlikte, bütün kişilerarası ilişkilerimiz zamanla yatay hale gelir.

GENÇ: Ne saçma! Bunu birçok şekilde çürütebilirim. Mesela bir şirket ortamını düşünün. Müdür işe yeni alınan kişilerle eşit ilişkiler kurabilir mi hiç? Hiyerarşik ilişkiler toplumumuzun bir parçasıdır ve bunları gözardı etmek sosyal düzeni gözardı etmektir. Şirketinizde yeni işe başlayan yirmili yaşlarda birinin altmış yaşlarında bir müdürle birden senli benli ahbap olmaya çalıştığını duysanız, siz de bunun aşırıya kaçmak olduğunu düşünmez misiniz?

FİLOZOF: Büyüklere saygı göstermek kesinlikle önemli. Şirket yapısı dahilinde farklı sorumluluk seviyeleri olması gayet doğaldır. Sana herkesle arkadaş olmanı ya da yakın arkadaşmışsın gibi davranmanı söylemiyorum. Esas önemli olan, eşitlik bilinci ve yeri geldiğinde gerekeni söylemek.

GENÇ: Amirlerime patavatsızlık eden biri değilim ve böyle bir şey aklımdan bile geçmez. Bunu yapsaydım, sosyal sağduyum sorgulanır hale gelirdi.

FİLOZOF: Ne "amirler"i? Bu "patavatsızlık" da ne oluyor? Ortama göre davranıp dikey ilişkilere bağımlı kalan kişi sorumsuzca eylemlerde bulunur – sorumluluklarından kaçmaya çalışır.

GENÇ: Bunun neresi sorumsuzca?

FİLOZOF: Diyelim ki patronunun talimatlarını izleyerek yaptığın bir iş başarısızlıkla sonuçlandı. Bu durumda başarısızlık kimin sorumluluğunda olur?

GENÇ: Patronumun sorumluluğunda olur. Çünkü ben sadece emirlere itaat etmiş olurum ve işin nasıl yapılacağına karar veren kişi patronumdur.

FİLOZOF: Bu konuda hiç sorumluluğun olmaz mı?

GENÇ: Olmaz. Emirleri veren patronumun sorumluluğudur. Buna hesap verebilirlik ilkesi denir.

FİLOZOF: Yanılıyorsun. Bu bir hayat yalanıdır. İtiraz payın vardır, dolayısıyla bir işi şöyle yapsak daha iyi olur diye öneride bulunma payın da olsa gerek. İtiraz payı olmadığını düşünüyorsun çünkü kişilerarası ilişkilerle ilgili sorunlardan ve sorumluluklardan kaçmak istiyorsun. Bu yüzden de dikey ilişkilere bağımlı kalıyorsun.

GENÇ: Patronuma karşı mı çıkmalıyım, bunu mu diyorsunuz? Tabii, teoride böyle olması gerekir. Teoride aynen dediğiniz gibi davranmam gerekir. Ama bunu yapamam! Bu tür bir ilişki kurmam mümkün değil.

FİLOZOF: Öyle mi? Şu anda benimle yatay bir ilişki kuruyorsun. Kendini gayet iyi ortaya koyuyorsun. Şu veya bu zorluğu düşünmek yerine, burada başlayabilirsin.

GENÇ: Burada başlayabilir miyim?

FİLOZOF: Evet, bu ufak çalışma odasında başlayabilirsin. Daha önce de dediğim gibi, benim için yeri doldurulamayacak bir arkadaşsın.

GENÇ: ...

FİLOZOF: Yanılıyor muyum?

GENÇ: Teşekkür ederim, gerçekten teşekkür ederim. Ama korkuyorum. Teklifinizi kabul etmekten korkuyorum.

FİLOZOF: Tam olarak neden korkuyorsun?

GENÇ: Doğal olarak, arkadaşlık görevlerinden korkuyorum. Daha önce hiç sizin gibi yaşça büyük bir arkadaşım olmadı. Bu kadar büyük bir yaş farkıyla arkadaş ilişkisi mümkün olabilir mi bilmiyorum. Ya da belki de bunu bir öğrenci-öğretmen ilişkisi olarak görmem gerek.

FİLOZOF: Aşkta ve arkadaşlıkta yaşın bir anlamı yoktur. Kuşkusuz, arkadaşlık görevleri istikrarlı bir cesaret gerektirir. Benimle olan ilişkine gelince, mesafeyi azar azar kapatmak uygun olacaktır. Yani çok yakın temasta olmadığımız ama yine de uzanıp birbirimizin yüzüne dokunabileceğimiz bir mesafeye gelene kadar.

GENÇ: Lütfen bana biraz zaman tanıyın. Bir kez daha bazı şeyleri kendi başıma anlamak için zaman rica ediyorum. Bugünkü konuşmamızdan düşünülecek çok şey çıkardım. Bunları alıp eve götürmek ve sakin sakin kendi başıma düşünmek istiyorum.

FİLOZOF: Topluluk hissini doğru anlamak zaman alan bir şeydir. Burada ve şu anda bununla ilgili her şeyi anlamak gerçekten de imkânsız. Peki, eve dönüp bu konuyu etraflıca düşün, şimdiye kadar konuştuğumuz her şeyle karşılaştırarak dikkatlice düşün.

GENÇ: Düşüneceğim. Her halükârda başkalarına asla gerçek anlamda bakmadığımı ve sadece kendimle ilgilendiğimi söylemeniz büyük bir darbeydi. Cidden çok fenasınız!

FİLOZOF: Ha-ha. Bunu nasıl da mutlu mutlu söylüyorsun.

GENÇ: Evet, çok keyif alıyorum. Tabii ki can yakıyor. Bir sürü iğne yutuyormuşum gibi içimi keskin bir acı kaplıyor. Ama yine de çok hoşuma gidiyor. Sizinle yaptığımız bu tartışmalar alışkanlık haline gelmeye başladı. Kısa bir süre önce fark ettim, belki de sadece sizin argümanınızı değil, kendiminkini de yerle bir etmek istiyorum.

FİLOZOF: Anlıyorum. İlginç bir tahlil.

GENÇ: Ama şunu unutmayın. Argümanınızı çürütüp size diz çöktüreceğimi söylemiştim ve henüz pes etmiş değilim.

FİLOZOF: Teşekkür ederim. Ben de keyifli vakit geçirdim. Konuşmaya devam etmeye ne zaman hazır olursan gel.

BEŞİNCİ GECE

İçtenlikle Burada ve

Şu Anda Yaşamak

Genç adam kendi kendine şöyle düşünüyordu: *Adler psikolojisi kişilerarası ilişkilerin baştan aşağı araştırılmasıyla ilgili. Bu kişilerarası ilişkilerin nihai hedefi topluluk hissi. Ama bu gerçekten de yeterli mi? Bu dünyaya sadece bunun için mi geldim? Hayatın anlamı ne? Nereye doğru gidiyorum ve ne tür bir hayat sürmeye çalışıyorum?* Genç adam düşündükçe kendi varlığı öteden beri ufak ve önemsizmiş gibi gelmeye başladı.

SÜREKLİ KENDİNLE MEŞGUL OLMAK BENLİĞİ BOĞAR

FİLOZOF: Aradan çok zaman geçti değil mi?

GENÇ: Evet, en son bir ay önce gelmiştim. O zamandan beri topluluk hissinin anlamını düşünüyorum.

FİLOZOF: Peki, şu anda bu konuda ne hissediyorsun?

GENÇ: Topluluk hissi gerçekten de cazip bir fikir. Örneğin aidiyet hissi, temel bir istek olarak "Burada olmak iyi" hissi. Bence sosyal varlıklar olmamıza dair muhteşem bir içgörü.

FİLOZOF: Muhteşem bir içgörü, ama?..

GENÇ: Komik, ne diyeceğimi hemen anladınız. Evet, bu konuda hâlâ sorun yaşıyorum. Doğrudan söyleyeceğim... Evrene atıflarla filan nereye varmak istediğinizi hiç anlamadım ve tüm bunlar başından sonuna kadar din kokuyor. Şu yeni moda kültlere benzetmekten kendimi alamıyorum.

FİLOZOF: Adler topluluk hissi kavramını ilk öne sürdüğünde, bu türden pek çok itirazla karşılaştı. İnsanlar psikolojinin bir bilim olması gerektiğini ama Adler'in değer konusunu tartıştığını söylediler. Bu tür bir şeyin bilim olmadığını söylediler.

GENÇ: Söz ettiğiniz şeyi neden anlamadığımı kendimce çözmeye çalıştım, sanırım sıralamada sorun var. Evrenle ve cansız nesnelerle başlayıp geçmiş, gelecek vesaire devam ediyorsunuz, böyle olunca ne nasıl nereye bağlanıyor takip edemiyorum. Bunun yerine şu "ben" kavramına odaklanarak başlayalım. Sonra da birebir ilişkileri düşünelim. Yani "sen ve ben" arasında kurulan kişilerarası ilişkileri. Ondan sonra daha büyük topluluk denen şeyi anlayabiliriz belki.

FİLOZOF: Anlıyorum. Bu iyi bir sıralama.

GENÇ: Şimdi, sormak istediğim ilk şey benliğe tutunmak. Kişinin "ben"e tutunmaktan vazgeçmesi ve "başkalarıyla ilgilenme"ye geçmesi gerektiğini söylüyorsunuz. Bunun dediğiniz gibi olduğundan eminim. Başkalarını düşünmenin önemli olduğunda hemfikirim. Ama ne olursa olsun, kendimiz için endişeleniyoruz ve sürekli kendimize bakıyoruz.

FİLOZOF: Kendimiz için neden endişelendiğimizi düşündün mü?

GENÇ: Evet. Örneğin bir narsist olsaydım –kendime âşık olsaydım ve her daim kendimi muhteşem bulsaydım– belki o zaman her şey daha basit olurdu. Çünkü "başkalarıyla daha çok ilgilen" tavsiyeniz gayet mantıklı. Ama ben kendine âşık bir narsist değilim. Kendinden nefret eden bir realistim. Kendime güvenmiyorum, bu yüzden sürekli kendimle meşgulüm ve aşırı sıkılganım.

FİLOZOF: Ne zamanlar böyle hissediyorsun?

GENÇ: Mesela toplantılarda. Ellimi kaldırıp söz almakta zorlanıyorum. "Bu soruyu sorarsam, muhtemelen bana gülerler" ya da

"Söyleyeceğim şey alakasızsa, benimle alay ederler" gibi gereksiz şeyler düşünüyorum ve içime kapanıyorum. Açıkçası insanların karşısında aptalca espriler yapmaya gelince bile bocalıyorum. Her seferinde bu kendiyle meşgul sıkılgan halim yüzünden frene basıyorum ve bana deli gömleği giydirilmiş gibi hissediyorum. Bu kendimle meşgul sıkılganlığım yüzünden doğal davranamıyorum. Ama cevabınızı sormama gerek bile yok. Her zamanki cevabı vereceğinizden eminim: Cesaretli ol. Ama bu sözlerin bana bir faydası yok çünkü mesele cesaret değil.

FİLOZOF: Anlıyorum. Geçen sefer topluluk hissini anahatlarıyla anlatmıştım. Bugün biraz daha derinlere ineceğiz.

GENÇ: Böylece nereye varacağız?

FİLOZOF: Büyük ihtimalle "Mutluluk nedir?" konusuna.

GENÇ: Aha! Topluluk hissi nihayetinde mutluluğa mı çıkıyor?

FİLOZOF: Cevapları bulmak için acele etmeye gerek yok. Diyalog halinde ilerlememiz gerekiyor.

GENÇ: Tamam o zaman. Başlayalım!

KENDİNİ OLUMLAMA DEĞİL KENDİNİ KABULLENME

FİLOZOF: Öncelikle kendinle meşgul olmaktan gelen sıkılganlığın nedeniyle frene basman ve doğal davranamamanla ilgili söylediklerine göz atalım. Muhtemelen bu sorunu yaşayan birçok kişi vardır. Bir kez daha kaynağa geri dönelim ve hedefini düşünelim. Doğal davranmanı engelleyerek ne elde etmeye çalışıyor olabilirsin?

GENÇ: Benimle dalga geçmelerini istemiyorum, aptal olarak görülmek istemiyorum.

FİLOZOF: Başka bir deyişle doğal benliğine güven duymuyor, olduğun kişiye inanmıyorsun, öyle değil mi? Ayrıca sadece kendin gibi davranacağın türde kişilerarası ilişkilerden uzak duruyorsun. Ama eminim ki evde yalnız kaldığında, yüksek sesle şarkılar söyleyip dans ediyor, canlı bir sesle konuşuyorsundur.

GENÇ: Ha-ha! Odama gözetleme kamerası koymuş gibi konuşuyorsunuz! Ama dedikleriniz doğru. Yalnızken özgürce hareket edebiliyorum.

FİLOZOF: Herkes yalnızken kral gibi davranabilir. Dolayısıyla bu kişilerarası ilişkiler bağlamında düşünülmesi gereken bir konudur. Çünkü mesele doğal bir benliğinin olmaması değil, sadece bu tür şeyleri başkalarının karşısında yapamaman.

GENÇ: Peki ne yapmalıyım?

FİLOZOF: Mesele topluluk hissiyle ilgili yine. Somut olarak konuşmak gerekirse, benliğe tutunmaktan (kendine ilgi) başkalarıyla ilgilenmeye (sosyal ilgi) geçmekle ve topluluk hissi edinmekle ilgili. Bu noktada üç şeye ihtiyaç var: "kendini kabullenmek", "başkalarına güvenmek" ve "başkalarına katkıda bulunmak."

GENÇ: İlginç. Yeni anahtar kelimeler kullanıyorsunuz. Bunlar nelerle ilgili?

FİLOZOF: Kendini kabullenmekle başlayalım. İlk gecemizde, Adler'in bir sözünü söylemiştim: "Önemli olan, kişinin neyle doğduğu değil o malzemeyi nasıl kullandığıdır." Bunu hatırlıyor musun?

GENÇ: Evet, tabii.

FİLOZOF: "Ben" dediğimiz hazneyi ne gözardı edebiliriz, ne de yerine başka bir şey koyabiliriz. Ama önemli olan, "kişinin o malzemeyi nasıl kullandığıdır"dır. "Ben"e bakma biçimimizi değiştirdiğimizde, bu malzemeyi kullanma biçimimizi de değiştiririz.

GENÇ: Daha pozitif düşünmek ve kendini daha güçlü olumlamak mı demek bu? Her şey hakkında daha pozitif düşünmek?

FİLOZOF: Pozitif olmak ve kendini olumlamak için ayrıca bir şey yapmaya gerek yok. İlgilendiğimiz konu kendini olumlama değil, kendini kabullenme.

GENÇ: Kendini olumlamak yerine kendini kabullenmek mi?

FİLOZOF: Evet. Arada belirgin bir fark var. Kendini olumlama kişinin bir şeyi yapamayacağı halde kendine "Başarabilirim" ya da "Güçlüyüm" gibi telkinlerde bulunmasıdır. Üstünlük kompleksi yaratabilecek bir anlayıştır ve kişinin kendisine yalan söylediği bir yaşam tarzı olarak bile tanımlanabilir. Öte yandan kendini kabullenme durumunda kişi bir şeyi yapamıyorsa, "âciz benliğini" olduğu gibi kabul eder ve elinden geleni yapabilmek için yoluna devam eder. Kendine yalan söylemenin bir yolu değildir bu. Daha basit ifade edersek, diyelim ki yüzde altmış gibi bir puan aldın ama kendine "Bu sefer şansım yaver gitmedi, gerçek ben aslında yüzde yüz" dersen, bu kendini olumlama olur. Öte yandan yüzde altmış olduğunu kabul edip "Yüzde yüze nasıl yaklaşabilirim?" diye düşünürsen, bu kendini kabullenme olur.

GENÇ: O halde yüzde altmış olsam bile kötümser düşünmeme gerek yok?

FİLOZOF: Tabii ki yok. Kimse kusursuz değildir. Üstünlük arayışını açıklarken ne dediğimi hatırlıyor musun? Bu durumda olan herkesin daha iyi durumda olmayı arzuladığını söylemiştim. Tersine düşündüğümüzde, yüzde yüzlük kişi diye bir şey yoktur. Bunu bilfiil kabullenmemiz gerekir.

GENÇ: Hımm. Dedikleriniz çeşitli açılardan kulağa olumlu geliyor ama olumsuz gelen yanları da var.

FİLOZOF: Bununla ilgili "olumlayıcı teslimiyet" terimini kullanıyorum.

GENÇ: Olumlayıcı teslimiyet mi?

FİLOZOF: Görev ayrımı konusunda da geçerli bu. Kişi bazı şeylerin değişebileceğini, bazılarının da değişemeyeceğini kabul eder. Neyle doğduğumuzu değiştiremeyiz. Ama kendi gücümüzü kullanarak, o malzemeyle ne yapacağımızı değiştirebiliriz. Dolayısıyla bu durumda değiştiremeyeceğimiz şeylere değil, değiştirebileceklerimize odaklanmamız gerekir. Kendini kabullenmek dediğim böyle bir şey.

GENÇ: Değiştirebileceklerimiz ve değiştiremeyeceklerimiz.

FİLOZOF: Doğru. İkame edilmez şeyleri kabullenmek. "Bu ben"i olduğu gibi kabullenmek. Değiştirebileceğimiz şeyleri değiştirmek için de *cesaret* sahibi olmak. Kendini kabullenmek budur.

GENÇ: Hımm. Bu bana yazar Kurt Vonnegut'ın kitaplarından birinde söylediği bir şeyi hatırlattı: "Tanrım, bana değiştiremeyeceğim şeyleri kabullenme sabrını, değiştirebileceğim şeyleri değiştirme cesaretini ve her zaman aradaki farkı anlayabilme bilgeliğini bahşet." *Mezbaha Beş* adlı romanında.

FİLOZOF: Evet, biliyorum. Huzur Duası bu. Hıristiyan toplumlarda iyi bilinir ve kuşaktan kuşağa aktarılmıştır.

GENÇ: Hatta "cesaret" kelimesini bile kullanmıştır. Kitabı o kadar büyük bir dikkatle okudum ki ezbere biliyorum. Ama bunun manasını şu âna dek fark etmemiştim.

FİLOZOF: Doğru. Beceri konusunda eksiğimiz yok. Cesaretimiz eksik sadece. Bütün mesele cesaret.

GÜVEN VE İTİMAT ARASINDAKİ FARK

GENÇ: "Olumlayıcı teslimiyet" konusu biraz kötümser bir fikir gibi geliyor. Bu uzun tartışmanın nihayetinde bağlanacağı yer teslimiyetse, çok fena.

FİLOZOF: Öyle mi? "Teslimiyet"te metanetle ve kabullenişle her şeyi açıkça görme anlamı vardır. Gerçekleri olduğu gibi anlamakla ilgilidir – teslimiyet budur. Bunun hiçbir kötümser yanı yok.

GENÇ: Gerçekleri olduğu gibi anlamak...

FİLOZOF: Tabii, kişi kendini kabullenme yoluyla olumlayıcı teslimiyete vardı diye otomatik olarak topluluk hissini bulmaz. Gerçek budur. Benliğine tutunmaktan başkalarıyla ilgilenmeye geçtiğinde, ikinci temel kavram olan başkalarına itimat etme konusu ortaya çıkar.

GENÇ: Başkalarına itimat etmek. Başkalarına inanmaktan mı söz ediyorsunuz?

FİLOZOF: Burada "başkalarına inanma" ifadesini güven ve itimat etme arasındaki fark bağlamında kullanacağım. İlk olarak, güvenden söz ettiğimizde belirli şartlarla gelen bir şeyden söz ediyoruzdur. Burada teminat söz konusudur. Örneğin birisi bir bankadan borç almak istediğinde, bir tür teminat sunması gerekir. Banka borç miktarını bu teminatın değerine göre belirler, "Size bu kadar kredi vereceğiz" der. "Bunu geri ödemeniz şartıyla vereceğiz" ya da "Geri ödeyebileceğiniz kadarını vereceğiz" tavrı kişiye itimat edilen bir durum değildir. Bu güvendir.

GENÇ: Sanırım, bankacılık işleri bu şekilde yürüyor.

FİLOZOF: Buna karşılık, Adler psikolojisinde kişilerarası ilişkilerin temeli güvene değil itimada dayalıdır.

GENÇ: Peki, bu durumda "itimat" ne anlama geliyor?

FİLOZOF: Hiçbir şart koymadan başkalarına inanmaktır. Birisine güvenmek için yeterli nesnel dayanaklar olmadan ona inanmaktır. Teminat gibi şeyleri sorun etmeden kayıtsız şartsız inanmaktır. İşte bu itimattır.

GENÇ: Kayıtsız şartsız inanmak mı? Şu sizin komşu sevgisi kavramınıza dönüyoruz yani?

FİLOZOF: Tabii, bir kişi başkalarına hiçbir şart koymadan inanırsa, istismar edildiği zamanlar da olacaktır. Borç garantörü gibi, kişi zaman zaman zarara uğrayabilir. Bu tür durumlarda bile birisine inanmaya devam etmeye "itimat" diyoruz.

GENÇ: Ancak saf bir kıt akıllı böyle bir şey yapar! Sanırım siz insanların doğuştan iyi olduğu öğretisine bağlısınız, bense doğuştan kötü oldukları öğretisine bağlıyım. Size tamamıyla yabancı olan kişilere kayıtsız şartsız inanırsanız, kullanılır ve sömürülürsünüz.

FİLOZOF: Birisinin sana ihanet ettiği zamanlar da olur ve bu şekilde de kullanılırsın. Ama bu konuya suiistimal edilen birisinin perspektifinden bak. Suiistimal eden kişi sen olsan da, sana kayıtsız şartsız inanmaya devam eden kişiler vardır. Onlara nasıl davranırsan davran, sana itimat ederler. Böyle birine defalarca ihanet edebilir misin?

GENÇ: Şey, hayır. Bu...

FİLOZOF: Eminim ki böyle bir şey yapman çok zor olurdu.

GENÇ: Bütün anlattıklarınızdan sonra, insanın duygularına mı başvurması gerektiğini söylüyorsunuz? Bir aziz gibi inançlı olması ve diğer kişinin vicdanına sığınması gerektiğini mi? Adler için ahlak kurallarının önemli olmadığını söylemiştiniz ama biz şu anda tam da bundan söz etmiyor muyuz?

FİLOZOF: Hayır, bundan söz etmiyoruz. İtimat etmenin tersi ne sence?

GENÇ: İtimat etmenin tersi mi? Şey...

FİLOZOF: Şüphe. Diyelim ki kişilerarası ilişkilerinin temeline "şüphe"yi yerleştirdin. Hayatını başkalarından şüphe ederek yaşıyorsun – arkadaşlarından, hatta ailenden ve sevdiğin kişilerden şüphe ediyorsun. Bundan nasıl bir ilişki çıkabilir? Karşındaki kişi bakışlarındaki şüpheyi şıp diye anlar. "Bu kişi bana itimat etmiyor" diye içgüdüsel olarak anlar durumu. Sence o bakış açısıyla olumlu bir ilişki inşa etmek mümkün olabilir mi? Derin bir ilişki inşa etmemizi mümkün kılan şey kayıtsız şartsız bir itimat temeli oluşturmamızdır.

GENÇ: Tamam, öyle sanırım.

FİLOZOF: Adler psikolojisini anlamanın yolu basittir. Şu anda "Birisine kayıtsız şartsız güveniyor olsaydım, sadece suiistimal edilirdim" diye düşünüyorsun. Ama suiistimal edip etmemeye karar veren kişi sen değilsin. Bu diğer kişinin görevi. Tek yapman gereken, "Ne yapmam gerek?" diye düşünmek. "Beni suiistimal etmeyecekse, bunu ona verebilirim" diyorsan kendine, bu sadece teminata ya da şartlara dayalı bir güven ilişkisi olur.

GENÇ: O halde, kişi bu konuda da mı görevleri ayırır?

FİLOZOF: Evet. Daha önce de defalarca dediğim gibi, görevleri ayırmak hayatın inanılmaz derecede basitleşmesini sağlar. Ama görev ayrımı ilkesini anlamak kolay olsa da, uygulamak zordur. Bunu kabul ediyorum.

GENÇ: O halde bana diyorsunuz ki, herkese itimat et, seni aldatsalar bile herkese inanmaya devam et, saf bir aptal gibi davran... Öyle mi? Buna felsefe, psikoloji falan denemez... Bunlar ancak bağnaz bir kişinin vaazları olabilir!

FİLOZOF: Bunu katiyen reddediyorum. Adler psikolojisi ahlaki bir değerler sistemine dayanarak "Başkalarına kayıtsız şartsız itimat et" demez. Kayıtsız şartsız itimat etmek bir kişiyle arandaki kişilerarası ilişkiyi daha iyi hale getirmenin ve yatay bir ilişki kurmanın bir yoludur. O kişiyle arandaki ilişkiyi daha iyi hale getirmek istemiyorsan, gidip arandaki bağları kopar. Çünkü bağları koparmak senin görevin.

GENÇ: Peki, ilişkimi daha iyi hale getirmek için bir arkadaşıma kayıtsız şartsız itimat edersem ne olur? Bu arkadaşım için her türlü şeyi yaptım, para istediğinde seve seve verdim ve ondan ne zamanımı ne de çabamı esirgedim. Ama bu tür durumlarda bile insan suiistimal edilebiliyor. Örneğin insan tamamıyla inandığı bir kişi tarafından suiistimal edildiğinde, bu deneyim "Diğer insanlar düşmanım" bakış açısının söz konusu olduğu bir yaşam tarzına yol açmaz mı?

FİLOZOF: Sanırım henüz itimadın hedefini çok iyi anlayamadın. Örneğin şöyle bir şey hayal edelim. Bir aşk ilişkisi yaşıyorsun ama partnerin hakkında bazı şüphelerin var, "Eminim ki beni aldatıyor" diye düşünüyorsun. Bunu ispatlamak için de hırsla kanıt arayışına giriyorsun. Sence sonuç ne olur?

GENÇ: Şey, sanırım duruma bağlı.

FİLOZOF: Hayır, her durumda onun seni aldattığına dair bir sürü kanıt bulursun.

GENÇ: Bir dakika. Neden?

FİLOZOF: Partnerinin söylediği sıradan şeyler, telefonda birisiyle konuşurkenki ses tonu, ona ulaşamadığın zamanlar... Ona şüpheci gözlerle baktığın sürece, etrafındaki her şey onun seni aldattığının kanıtı gibi gelecektir. Hem de seni aldatmıyor olsa bile.

GENÇ: Hımm.

FİLOZOF: Şu anda, sadece suiistimal edildiğin zamanlarla ilgileniyorsun. Bu tür durumlarda aldığın yaraların yarattığı acıya odaklanıyorsun sadece. Ama başkalarına itimat etmekten korkarsan, uzun vadede kimseyle derin ilişkiler kuramazsın.

GENÇ: Ne demek istediğinizi anlıyorum... Esas amaç derin ilişkiler kurmak. Ama suiistimal edilmek korkutucudur ve gerçek de budur, öyle değil mi?

FİLOZOF: Sığ bir ilişkiyse, ilişki koptuğunda acı derin olmayacaktır. Ama ilişkinin her gün getirdiği mutluluk da az olacaktır. Tam da şu yüzden ki, derin ilişkiler kurma cesaretini başkalarına itimat ederek kazanırız ve böylece kişilerarası ilişkilerin getirdiği sevincin artmasıyla birlikte yaşama sevincimiz de artar.

GENÇ: Hayır! Ben bundan söz etmiyordum, yine konuyu değiştirdiniz. Suiistimal edilme korkusunu yenme cesareti diyordum... Bu da nereden çıktı?

FİLOZOF: Kendini kabullenme konusundan çıktı. Kişi kendini olduğu gibi kabul edebilirse ve ne yapabileceğini ve ne yapamayacağını anlarsa, "suiistimal etme"nin diğer kişinin görevi olduğunu da anlayabilir ve "başkalarına itimat etme"nin özüne inmek kolaylaşır.

GENÇ: Suiistimal etmenin bunu yapan kişinin dert etmesi gereken bir görev olduğunu ve suiistimal edilen kişinin bu konuda hiçbir şey yapamayacağını mı söylüyorsunuz? Olumlayıcı bir şekilde teslim olmamı mı öneriyorsunuz? Argümanlarınız her zaman duygularımızı gözardı ediyor. İnsan suiistimal edildiğinde hissettiği bütün o öfkeyi ve üzüntüyü ne yapacak?

FİLOZOF: Üzgünsek, bunu kalpten hissetmeli ve yaşamalıyız. İnsan asıl acıdan ve üzüntüden kaçmaya çalıştığında sıkışıp kalır ve hiç kimseyle derin ilişkiler kuramaz. Şöyle düşün. İnanabiliriz. Şüphe de edebiliriz. Ama başkalarını yoldaşlarımız olarak görmeyi isteriz. İnanmak veya şüphe etmek – seçimin net olması gerekir.

ÇALIŞMANIN ÖZÜ ORTAK MENFAATE KATKI SAĞLAMAKTIR

GENÇ: Tamam. Diyelim ki kendimi kabullenmeyi başardım. Başkalarına itimat da edebiliyorum. O zaman bende başka ne gibi değişiklikler olacak?

FİLOZOF: İlk olarak, kişi ikame edilemez "ben"ini olduğu gibi kabul etmeli. Buna kendini kabullenmek denir. Sonra, kişi başkalarına kayıtsız şartsız itimat eder. Buna da başkalarına itimat etmek diyoruz. Kendini kabullenebilir ve başkalarına itimat edebilirsin. Peki, başkaları şimdi senin neyin oluyor?

GENÇ: ... Yoldaşlarım mı?

FİLOZOF: Aynen öyle. Aslında başkalarına itimat etmek başkalarını yoldaş olarak görmekle bağlantılıdır. Çünkü başkaları ancak yoldaşın olursa onlara itimat edebilirsin. İnsanlar yoldaşın değilse, o itimat seviyesine ulaşamazsın. Başkalarının yoldaşın olması kişinin ait olduğu toplulukta sığınak bulmasıyla ilgilidir. Böylece "Burada olmak iyi" diyerek aidiyet hissine erişebilirsin.

GENÇ: Yani diyorsunuz ki "Burada olmak iyi" diye hissedebilmek için, başkalarını yoldaş olarak görmemiz gerek. Başkalarını yoldaş olarak görebilmek için de hem kendini kabul etmek hem de başkalarına itimat etmek gerek.

FİLOZOF: Doğru. Artık daha çabuk kavramaya başladın. Bir adım daha ileri gidersek, başkalarını düşman olarak gören kişiler kendini kabullenmeye erişememiştir ve başkalarına yeterince itimat etmiyordur.

GENÇ: Pekâlâ. İnsanların "Burada olmak iyi" diye bir aidiyet hissi aradığı doğru. Bunu elde edebilmek için, kendilerini kabullenmeleri ve başkalarına itimat etmeleri gerekiyor. Buna itiraz etmiyorum. Ama bilemiyorum. İnsan gerçekten de sırf başkalarını yoldaş olarak görerek ve onlara itimat ederek bir aidiyet hissi edinebilir mi?

FİLOZOF: Elbette ki topluluk hissi sadece insanın kabullenmesiyle ve başkalarına itimat etmesiyle erişilecek bir şey değildir. Bu noktada üçüncü temel kavram olan "başkalarına katkıda bulunmak" gerekli hale gelir.

GENÇ: Başkalarına katkıda bulunmak mı?

FİLOZOF: Başkalarına katkıda bulunmak kişinin bir şekilde yoldaşlarının hayatına etkide bulunmasıdır. Katkıda bulunmak için harekete geçmesidir. Buna "başkalarına katkıda bulunmak" denir.

GENÇ: "Katkıda bulunmak" derken, fedakârlık ruhuyla hareket etmekten ve etrafınızdaki kişilere hizmet etmekten mi söz ediyorsunuz?

FİLOZOF: Başkalarına katkıda bulunmak fedakârlık anlamına gelmez. Adler kendi hayatlarını etraflarındaki kişiler için feda eden insanların topluma aşırı uyum sağlamış kişiler olduklarını söyleyecek kadar ileri gider. Lütfen şunu unutma: Bizler gerçekten de varoluşumuzun ve davranışlarımızın topluma faydalı olduğunu fark edip "Birilerine faydam dokunuyor" diye düşündüğümüzde kendi değerimizi anlarız. Bunu hatırlıyor musun? Başka bir deyişle başkalarına katkıda bulunmak "ben"den kurtulup birilerine faydalı olmaktan ziyade, aslında kişinin "ben"in değerini gerçekten anlamak için yaptığı bir şeydir.

GENÇ: Başkalarına katkıda bulunmak kendin için yaptığın bir şey mi yani?

FİLOZOF: Evet. Benliği feda etmeye gerek yoktur.

GENÇ: Eyvah, argümanınız çökmeye başladı, değil mi? Resmen kendi mezarınızı kazdınız. "Ben"i tatmin etmek için, kişi başkalarına faydalı olur. Tam da ikiyüzlülüğün tanımı böyle değil mi? Daha önce de demiştim: Argümanınızın tamamı ikiyüzlü. Kaypak bir argüman. Bakın, bir sürü yalan söyleyen iyi adam yerine, istekleri konusunda dürüst davranan kötü adama inanmayı tercih ederim.

FİLOZOF: Bunlar aceleyle varılmış sonuçlar. Henüz topluluk hissi kavramını anlamadın.

GENÇ: O halde keşke bana başkalarına katkıda bulunmakla ilgili somut örnekler verseniz.

FİLOZOF: Başkalarına katkıda bulunmakla ilgili en anlaşılır örnek muhtemelen çalışmaktır. Toplumda bulunmak ve iş gücüne katılmak. Ya da kişinin ev geçindirmesi. Çalışmak sadece para kazanmanın bir yolu değildir. Kişi çalışarak başkalarına katkıda bulunur ve kendini topluluğuna adar; bu şekilde gerçek anlamda "Birilerine faydam dokunuyor" diye hissedebilir ve hatta varoluşunun değerini kabullenir.

GENÇ: Çalışmanın özünün başkalarına katkıda bulunmak olduğunu mu söylüyorsunuz?

FİLOZOF: Tabii ki para kazanmak da önemli bir etken. Daha önceden söylediğin Dostoyevski'nin sözüne yakın bir şey: "Para darphaneden çıkmış bir özgürlüktür." Ama kimi insanların da çok parası vardır ama bütün bu parayı hiç kullanamazlar. Bu kişilerin çoğu sürekli işleriyle meşguldür. Neden çalışırlar? Sınırsız bir açgözlülük mü onları çalışmaya iter? Hayır. Başkalarına katkıda bulunabilmek ve aidiyet hislerini, "Burada olmak iyi" hissini teyit etmek için çalışırlar. Büyük bir servet biriktirmiş varlıklı kişiler enerjilerini hayırseverlik faaliyetlerine verirler çünkü böylece kendi değerlerini anlarlar, "Burada olmak iyi" hissini teyit ederler.

GENÇ: Hımm, sanırım bu doğru. Ama...

FİLOZOF: Ama ne?

***

Kendini kabullenmek: ikame edilemez "ben"ini olduğu gibi kabul etmek. Başkalarına itimat etmek: şüphe tohumları ekmek yerine, kişilerarası ilişkilerinin temeline kayıtsız şartsız itimadı yerleştirmek. Genç adam bu iki kavramı da ikna edici bulmuştu. Ama başkalarına katkıda bulunmak kavramını tam olarak anlayamamıştı. *O katkının "başkaları için" olması gerekiyorsa,*

insana acı veren bir fedakârlık olması gerek. Öte yandan o katkı kişinin "kendisi için"se, ikiyüzlülüğün şahikası olur. Bu konunun açıklığa kavuşması gerek. Genç adam kararlı bir ses tonuyla devam etti.

GENÇLER YETİŞKİNLERDEN ÖNDE GİDER

GENÇ: Çalışmanın başkalarına katkıda bulunmakla ilişkili olduğunu kabul ediyorum. Ama kişinin resmi olarak başkalarına katkıda bulunurken bunu aslında kendisi için yaptığını söyleyen mantık bence ikiyüzlülükten başka bir şey değil. Bunu nasıl açıklıyorsunuz?

FİLOZOF: Şöyle bir durum düşünelim. Evde akşam yemeğinden sonra, masada hâlâ tabak çanak duruyor. Çocuklar odalarına gitmiş, baba da koltuğa oturmuş televizyon izliyor. Bulaşıkları yıkamak ve ortalığı toparlamak da anneye (bana) kalmış. Daha da kötüsü, aile onun bunu yapacağından emin olduğu için kimse kılını kıpırdatmıyor. Bu tür bir durumda haliyle şöyle düşünürsün: "Neden bana yardım etmiyorlar?" ya da "Neden bütün işleri ben yapıyorum?" Ben masayı toplarken ailemden "Teşekkür ederim" sözünü duymazsam bile, aileye faydalı olduğumu düşünmelerini isterim. Başkalarının benim için ne yapabileceğini düşünmektense, başkaları için ne yapabileceğimi düşünmeyi ve bunu uygulamayı isterim. Sadece bu katkıda bulunma hissine sahip olarak, gözlerimin önündeki gerçek bambaşka bir renge bürünür. Hatta bulaşıkları yıkarken kendi kendime homurdanıyorsam, ortamı geren biri olurum ve herkes benden uzak durmak ister. Öte yandan kendi kendime bir şarkı mırıldanıp bulaşıkları keyifle yıkarsam, çocuklar gelip yardım teklif edebilir. Hiç olmazsa yardım teklif etmeleri için daha kolay bir ortam yaratmış olurum.

GENÇ: O ortamda dediğiniz şey doğru olabilir.

FİLOZOF: Peki, o ortamda nasıl oluyor da katkıda bulunduğumu hissediyorum? Çünkü ailemin fertlerini yoldaş olarak düşünebiliyorum. Bunu yapamazsam, kaçınılmaz olarak kafamda şöyle düşünceler dolanacaktır: "Neden bu işi yapan tek kişi benim?" ve "Neden kimse bana yardım etmiyor?" Başkalarını düşman olarak görerek yaptığımız katkılar gerçekten de ikiyüzlülüğe varabilir. Ama başkaları yoldaşımız olduğunda, yaptığımız katkılar ne olursa olsun, böyle bir şey olmaz. İkiyüzlülük kelimesine odaklanıyorsun çünkü henüz topluluk hissini anlamadın.

GENÇ: Peki...

FİLOZOF: Konuyu kolaylaştırmak için tekrar edeyim. Şu âna kadar sırasıyla kendini kabullenmekten, başkalarına itimat etmekten ve başkalarına katkıda bulunmaktan söz ettim. Ama bu üçü birbirine dairesel bir yapıda, bölünmez bir bütün olarak bağlıdır. Kişi kendini olduğu gibi kabullendiğinde suiistimal edilme korkusu yaşamadan "başkalarına itimat edebilir". Başkalarına kayıtsız şartsız itimat edebildiğinde ve insanların yoldaşları olduğunu hissedebildiğinde "başkalarına katkıda bulunma"yı gerçekleştirebilir. Üstelik kişi başkalarına katkıda bulunduğunda "Birilerine faydam dokunuyor" diye derin bir farkındalığa ulaşır ve kendini olduğu gibi kabullenir. Geçen gün aldığın notlar yanında mı?

GENÇ: Adler psikolojisinde öne sürülen hedeflerle ilgili notlar mı? Tabii ki, o günden beri yanımda taşıyorum. Şöyle diyor: "Davranışlara yönelik iki hedef vardır: özerk olmak ve toplumla uyum içinde yaşamak. Psikolojinin bu davranışları destekleyen hedefleriyse: 'Yapabilirim' ve 'İnsanlar benim yoldaşım' bilinci."

FİLOZOF: Bu notun içeriğini az önce konuştuklarımızla örtüştürürsen, daha derin bir anlayış edinebilirsin. Başka bir deyişle "özerk olmak" ve "*Yapabilirim* bilinci" kendini kabul etmekle ilgili konuşmamıza karşılık geliyor. "Toplumla uyum içinde yaşamak" ve "*İnsanlar benim yoldaşım* bilinci" de başkalarına itimat etmeye ve başkalarına katkıda bulunmaya bağlanıyor.

GENÇ: Anlıyorum. Bu durumda hayatın amacı topluluk hissidir. Ama bunu aklımda netleştirmek biraz zaman alacak sanırım.

FİLOZOF: Evet, muhtemelen biraz zaman alacak. Adler'in de dediği gibi: "Bir insanı anlamak kolay değildir. Bütün psikoloji türleri arasında bireysel psikoloji muhtemelen öğrenmesi ve uygulaması en zor olandır."

GENÇ: Çok doğru! Teorileri ikna edici olsa da, uygulamak zor.

FİLOZOF: Hatta Adler psikolojisini anlayabilmek ve yaşam tarzını değiştirme amacıyla uygulayabilmek için "bir ömrün yarısı" gerektiği söylenir. Yani bu psikolojiyi kırk yaşında çalışmaya başlarsan, yirmi seneye daha ihtiyacın olacaktır. Yirmi yaşında başlarsan, on seneye daha ihtiyacın olacaktır. Hâlâ gençsin. Sen hayatın bu kadar erken bir aşamasında başladığın için daha hızlı değişebilirsin. Hızla değişebilme anlamında, dünyadaki yetişkinlerden ileridesin. Kendini değiştirmek ve yeni bir dünya yaratmak açısından da bir bakıma benden de ilerisin. Yolunu şaşırman veya odağını yitirmen de doğal. Dikey ilişkilere bağımlı kalma. Sevilmemekten korkma. Özgürce kendi yolunda ilerle. Bütün yetişkinler gençlerin onlardan ileride olduğunu görebilseydi, eminim ki dünya önemli ölçüde değişirdi.

GENÇ: Sizden ileride miyim?

FİLOZOF: Kesinlikle ileridesin. Aynı yolda yürüyoruz ve sen benden ileride gidiyorsun.

GENÇ: Ha-ha. Oğlu olabilecek kadar genç birine bu tür bir şey söyleyen biriyle ilk kez tanışıyorum.

FİLOZOF: Daha da çok gencin Adler'in düşüncelerini öğrenmesini isterim. Daha fazla yetişkinin de öğrenmesini isterim. Çünkü insanlar hangi yaşta olursa olsun değişebilir.

İŞKOLİKLİK BİR HAYAT YALANIDIR

GENÇ: Tamam. Zaten kendimi kabullenmeye veya başkalarına itimat etmeye dair cesaretim olmadığını kabul ediyorum. Ama bu gerçekten de sadece "ben"in suçu mu? Aslında, beni anlamsızca suçlayan ve bana saldıran kişiler tarafından yaratılan bir sorun değil mi aynı zamanda?

FİLOZOF: Elbette, dünyadaki herkes iyi ve onurlu değildir. İnsan kişilerarası ilişkilerinde çok sayıda tatsız deneyim yaşar. Ama bu tür durumlarda kişinin yanlış anlamaması gereken bir şey vardır: Her durumda sorun sana saldıran "o kişi"de değildir ve kesinlikle herkes kötü değildir. Nevrotik yaşam tarzları olan kişiler konuşmalarında "herkes", "her zaman" ve "her şey" gibi sözler kullanır. "Herkes benden nefret ediyor" ya da "Kaybeden hep ben oluyorum" veya "Her şey yanlış" gibi şeyler söylerler. Böyle genelleyici ifadeler kullanma alışkanlığın olduğunu düşünüyorsan, dikkatli olman gerek.

GENÇ: Kulağa tanıdık geliyor.

FİLOZOF: Adler psikolojisinde bunu "hayat uyumu"ndan yoksun bir yaşam tarzı olarak görürüz. Kişinin her şeyin sadece bir parçasını gördüğü ama bütünü yargıladığı bir yaşam tarzıdır bu.

GENÇ: Hayat uyumu mu?

FİLOZOF: Yahudi geleneğinden şöyle bir anekdot aktarayım: "On kişi varsa, bunlar arasında, ne yaparsan yap seni eleştirecek birisi olacaktır. Bu kişi senden hazzetmeyecektir, sen de ondan hazzetmeyi hiçbir zaman öğrenemeyeceksin. Sonra seninle ilgili her şeyi kabul eden iki kişi olacaktır, sen de onların her şeyini kabul edip onlarla yakın arkadaş olacaksın. Geriye kalan yedi kişi bu iki tipe de uymayacaktır." Şimdi, senden hoşlanmayan tek kişiye mi odaklanacaksın? Dikkatini seni seven iki kişiye mi vereceksin? Yoksa kalabalık gruba, diğer yedi kişiye mi odaklanacaksın? Hayat uyumundan yoksun kişi sadece hoşlanmadığı kişiyi görür ve dünyayı bu şekilde yargılar.

GENÇ: İlginç.

FİLOZOF: Bir süre önce, kekemeler ve ailelerine yönelik bir seminere katıldım. Kekeme birisini tanıyor musun?

GENÇ: Evet, gittiğim okulda kekeme biri vardı. Hem kekeme olan kişi için hem de ailesi için zor bir durum olmalı.

FİLOZOF: Kekemelikle başa çıkmak neden zor? Adler psikolojisindeki görüş şöyledir: Kekemelikten mustarip kişiler sadece kendi konuşma tarzlarıyla ilgilenir, aşağılık duyguları vardır ve hayatlarını tahammül edilemeyecek kadar zor görürler. Bu yüzden kendi halleriyle fazla meşgul olurlar ve giderek daha da fazla kekelerler.

GENÇ: Sadece kendi konuşma tarzlarıyla mı ilgilenirler?

FİLOZOF: Evet. Arada sırada kekeledikleri zaman, ona gülecek ya da alay edecek çok kişi yoktur aslında. Az önceki örneği kullanmak gerekirse, muhtemelen on kişiden olsa olsa biri bunu yapar. Her halükârda bu tür bir tavır sergileyecek kadar aptal kişilerle ilişkiyi koparmak en doğrusudur. Ama kişi hayat uyumundan yoksunsa, sadece o kişiye odaklanır ve "Herkes bana gülüyor" diye düşünür.

GENÇ: Ama insan tabiatı böyle!

FİLOZOF: Düzenli olarak toplanan bir okuma grubum var ve katılımcılardan biri kekeme. Bazen okuma sırası ona geldiğinde kekeliyor. Ama oradaki tek bir kişi bile bu yüzden ona gülecek türden birisi değil. Herkes sessizce oturuyor ve sonraki sözlerin çıkmasını gayet doğal bir şekilde bekliyor. Bunun benim okuma grubuma mahsus bir durum olmadığından eminim. Kişilerarası ilişkilerin iyi gitmiyorsa, bunu kekemeliğe, kızarma korkusuna veya bu tür bir şeye yormamak gerek. Esas sorun, kişinin kendini kabullenmemesi veya başkalarına itimat etmemesi ya da başkalarına katkıda bulunmaması olduğu halde, önemli olmaması gereken şeylerin ufak bir parçasına odaklanması ve bu şekilde tüm dünyayla ilgili yargılar oluşturmaya çalışmasıdır. Bu, hayat uyumundan yoksun, yanlış yola sapmış bir yaşam tarzıdır.

GENÇ: Kekemelikten mustarip kişilere böyle sert şeyler mi söylediniz gerçekten?

FİLOZOF: Elbette. İlk başta birtakım ters tepkiler aldım ama üç günlük seminerin sonunda herkes bunu gönülden kabul etti.

GENÇ: Gerçekten de inanılmaz bir argüman. Ama kekemelere odaklanmak biraz fazla özel bir örnek gibi. Bana başka örnekler de verebilir misiniz?

FİLOZOF: Bir diğeri de işkolik bir kişi olabilir. Bu kişi de bariz bir şekilde hayat uyumundan yoksun birisine örnektir.

GENÇ: İşkolikler öyle midir? Neden?

FİLOZOF: Kekemeler her şeyin bir parçasına bakar ama bütünü yargılarlar. İşkoliklerse hayatın sadece belirli bir unsuruna odaklanırlar. Muhtemelen bunu şöyle diyerek gerekçelendirmeye çalışıyorlardır: "İşlerim çok yoğun, o yüzden ailemi yeteri kadar düşünmeye vaktim yok." Bu bir hayat yalanıdır. Bu kişiler işlerini bir mazeret olarak kullanarak diğer sorumluluklarından kaçmaya çalışırlar. Ev işlerinden çocuk yetiştirmeye, arkadaşlarımızdan hobilerimize kadar her şeyle ilgilenmeliyiz. Adler, belli yönlerin aşırı baskın olduğu yaşam tarzlarını kabul etmez.

GENÇ: Ah... Babam tam da böyle biriydi. İnandığı şey sadece şuydu: İşkolik ol, kendini işine göm ve sonuçlar üret. Sonra, ailene hükmet çünkü eve sen ekmek getiriyorsun. Son derece feodal bir adamdı.

FİLOZOF: Bir bakıma, kişinin yaşam görevlerini kabul etmeden yaşadığı bir hayattır bu. "İş" ille de bir şirkette çalışmak değildir. Ev işleri yapmak, çocuk yetiştirmek, yakın çevreye katkıda bulunmak, hobiler ve diğer her şey iştir. Şirketler vesaire bunun ufak bir parçasıdır. Sadece şirket işini kabul eden bir yaşam tarzı hayat uyumundan yoksundur.

GENÇ: Kesinlikle dediğiniz gibi! Bir de adam aileyi geçindiren kişi kendisi olduğu için aile fertlerinin söz hakkı yokmuş gibi davranır. Babanız sert bir sesle "Masada benim sayemde yemek var" diye hırlayınca onunla tartışmanız imkânsız hale gelir.

FİLOZOF: Bu tür bir baba büyük ihtimalle kendi değerini sadece eylemler düzleminde anlar. Saatlerce çalışır, bir aileyi geçindirecek kadar para kazanır ve toplum tarafından kabul görür... Buna dayanarak, kendisini ailenin diğer fertlerinden daha değerli biri olarak görür. Ama her birimizin ev geçindiren kişi olmaktan çıktığı bir gün gelir. Örneğin kişi yaşlandığında ve emeklilik yaşına geldiğinde, emeklilik maaşıyla veya çocuklarının desteğiyle yaşamaktan başka çaresi kalmayabilir. Kişi genç olduğunda bile, sağlık sorunları nedeniyle çalışamaz hale gelebilir. Bu tür durumlarda, kendilerini sadece eylemler düzleminde kabul edebilen kişiler harap olur.

GENÇ: Yaşam tarzları sadece işten ibaret olan kişiler mi?

FİLOZOF: Evet. Hayatlarında uyum olmayan kişiler.

GENÇ: O halde geçen sefer sözünü ettiğiniz "varlık düzlemi"nden kastınızı anlamaya başladım sanırım. Ayrıca günün birinde artık çalışamayacağım veya eylemler düzleminde hiçbir şey yapmayacağım gerçeğini hiç düşünmemiştim.

FİLOZOF: Kişi kendini eylemler düzleminde mi, yoksa varlık düzleminde mi kabul edecek? Gerçekten de mutlu olma cesaretine bağlanan bir soru bu.

ŞU ANDA MUTLU OLABİLİRSİN

GENÇ: Mutlu olma cesareti. Bakalım bunun nasıl bir cesaret olması gerekiyormuş.

FİLOZOF: Evet, önemli bir nokta.

GENÇ: Bütün sorunların kişilerarası ilişki sorunları olduğunu söylüyorsunuz. Sonra, bunu döndürüp mutluluğumuzun kişilerarası ilişkilerde bulunacağını söylüyorsunuz. Ama ben bu kısımları kabul etmekte hâlâ zorlanıyorum. İnsanların mutluluk dediği şey sadece kişilerarası iyi ilişkilerimizde mi bulunur? Yani hayatlarımız bu kadar ufak bir huzur ve mutluluk için mi var?

FİLOZOF: Boğuştuğun sorunları çok iyi anlıyorum. Adler psikolojisiyle ilgili bir konferansa ilk katıldığımda, konuşmacı Oscar Christensen şöyle demişti: "Bugünkü konuşmamı dinleyenler hemen şu andan itibaren mutlu olabilir. Ama dinlemeyenler asla mutlu olmayacak."

GENÇ: Vay canına! Tam bir sahtekârın söyleyeceği şey. Buna kandığınızı söylemeyeceksiniz herhalde, değil mi?

FİLOZOF: İnsanlar için mutluluk nedir? Bu, eski zamanlardan beri felsefede sürekli ele alınan bir tema olmuştur. Psikolojiye her zaman felsefenin bir alanı olarak baktım ve bu yüzden genel olarak psikolojiyle pek ilgilenmedim. Zaten felsefeci olarak da "Mutluluk nedir?" sorusuyla kendimce ilgilenmiştim. Christensen'in sözlerini duyduğumda biraz tereddüt hissetmedim değil. Ama o tereddüdü hissettiğim anda bir şeyi fark ettim. O zamana kadar mutluluğun gerçek mahiyetini derin derin düşünmüştüm. Cevaplar aramıştım. Ama hiçbir zaman "İnsan nasıl mutlu olabilir?" sorusunu derinlemesine düşünmemiştim. İşte o zaman duruma uyandım; felsefeci olduğum halde, belki de mutlu değildim.

GENÇ: Anlıyorum. O halde Adler psikolojisiyle tanışmanız bir tutarsızlık hissiyle mi gerçekleşti?

FİLOZOF: Evet.

GENÇ: O halde bana lütfen şunu söyleyin: Sonunda mutlu oldunuz mu?

FİLOZOF: Elbette.

GENÇ: Bundan nasıl emin olabiliyorsunuz?

FİLOZOF: Bir insan için en büyük mutsuzluk kendini sevememektir. Adler bu gerçeği ele almak için son derece basit bir cevap bulmuştu: Kişinin kendi değerini gerçekten anlamasını sağlayabilecek tek şey "Bulunduğum topluluğa faydalıyım" veya "Birilerine faydam dokunuyor" hissidir.

GENÇ: Daha önce bahsettiğiniz "başkalarına katkıda bulunmak" konusu mu?

FİLOZOF: Evet. Bu önemli bir nokta: Başkalarına katkıda bulunmaktan söz ettiğimizde, katkının görünür olmaması önemli değildir.

GENÇ: Katkının görünür olmaması önemli değil midir?

FİLOZOF: Katkılarının faydalı olup olmadığına karar veren kişi sen değilsindir. Bu başkalarının görevidir ve senin müdahale edebileceğin bir konu değildir. Kaidece, gerçekten bir katkıda bulunup bulunmadığını bilmenin bir yolu da yoktur. Dolayısıyla başkalarına katkıda bulunurken katkının görünür olması gerekmez. İhtiyacımız olan tek şey öznel anlamda "Birilerine faydam dokunuyor" hissi yani katkıda bulunma hissidir.

GENÇ: Bir dakika! Madem öyle, mutluluk dediğiniz şey...

FİLOZOF: Şimdi anladın mı? Kısacası mutluluk katkıda bulunma hissidir. Mutluluğun tanımı budur.

GENÇ: Evet ama bu...

FİLOZOF: Bir sorun mu var?

GENÇ: Bu kadar basite indirgenmiş bir açıklamayı kabul edemem. Bakın, bana daha önce söylediğinizi unutmadım. "Eylemler düzleminde kimseye faydamız dokunmuyor olabilir ama varlık düzleminde herkes faydalıdır" demiştiniz. Ama bu doğruysa, yürüttüğünüz mantığa göre herkesin mutlu olması gerekir.

FİLOZOF: Bütün insanlar mutlu olabilir. Ama şunun anlaşılması gerek: "Herkes mutlu*dur*" anlamına gelmez bu. İster eylemler düzleminde ister varlık düzleminde olsun, insanın birilerine faydalı olduğunu hissetmesi gerekir. Yani insanın katkıda bulunma hissine ihtiyacı vardır.

GENÇ: O halde katkıda bulunma hissim olmadığından ötürü mutlu olmadığımı mı söylüyorsunuz?

FİLOZOF: Doğru.

GENÇ: Bu durumda, nasıl bu hissi edinebilirim? Çalışarak mı? Birtakım gönüllülük faaliyetlerine katılarak mı?

FİLOZOF: Daha önce onaylanma arzusundan söz etmiştik. Kişinin onay görme peşinde olmaması gerektiğini söylediğimde, onaylanma arzusunun evrensel bir arzu olduğunu söylemiştin.

GENÇ: Evet, öyle demiştim. Ama açıkçası hâlâ bu noktadan tam olarak emin değilim.

FİLOZOF: Ama artık insanların neden onay görme peşinde olduğunu anladığından eminim. İnsanlar kendilerini sevmek ister. Değerli olduklarını hissetmek isterler. Bunu hissedebilmek için "Birilerine faydam dokunuyor" diyebilecekleri bir katkıda bulunma hissi isterler. O katkıda bulunma hissini elde etmenin kolay bir yolu olarak da başkalarından onay görme peşine düşerler.

GENÇ: Onaylanma arzusunun katkıda bulunma hissini elde etmenin bir yolu olduğunu mu söylüyorsunuz?

FİLOZOF: Öyle değil mi?

GENÇ: Kesinlikle hayır. Şu âna dek söylediğiniz her şeyle çelişiyor. Başkalarından onay görmenin katkıda bulunma hissi elde etmenin bir yolu olması gerekmiyor mu? Sonra "Mutluluk katkıda bulunma hissidir" diyorsunuz. Bu doğruysa, kişinin onaylanma arzusunu tatmin etmesi doğrudan mutlulukla ilgili değil mi? Ha-ha! En sonunda, onaylanma arzusunun gerekliliğini kabul ettiniz.

FİLOZOF: Önemli bir hususu atlıyorsun. Kişinin katkıda bulunma hissini elde etme yolu "başkalarından onay görmek" olursa, uzun vadede hayatını başkalarının isteklerine göre yaşamaktan başka bir seçeneği kalmaz. Onaylanma arzusuyla elde edilen katkıda bulunma hissinde özgürlük yoktur. Bizler mutluluğu ararken özgürlüğü seçen varlıklarız.

GENÇ: Bu durumda, kişi ancak özgürse mi mutlu olabilir?

FİLOZOF: Evet. Özgürlük anlayışı ülkeye, yaşanan zamana ya da kültüre bağlı olarak farklılık gösterebilir. Ama kişilerarası ilişkilerimizdeki özgürlük evrenseldir.

GENÇ: Onaylanma arzusunu kabul etmenizin hiçbir yolu yok mu?

FİLOZOF: Kişi katkıda bulunduğunu gerçekten hissediyorsa, artık başkalarından onay görme ihtiyacı duymaz. Çünkü başkalarından onay görmek için kendi yolundan ayrılma ihtiyacı duymaksızın, gerçek anlamda "Birilerine faydam dokunuyor" bilincine erişmiştir. Başka bir deyişle onaylanma arzusunu takıntı haline getirmiş biri henüz topluluk hissinden nasibini almamıştır ve kendini kabullenmeye, başkalarına itimat etmeye veya başkalarına katkıda bulunmaya başlamamıştır.

GENÇ: O halde sırf topluluk hissine sahip olmakla onaylanma arzusu ortadan kalkar mı?

FİLOZOF: Evet, ortadan kalkar. Başkalarından onay görmeye gerek kalmaz.

***

Filozofun söyledikleri şöyle özetlenebilirdi: İnsanlar kendi değerini gerçek anlamda "Birilerine faydam dokunuyor" diye

hissettiğinde anlar. Ama kişinin yaptığı katkının görülebilir olup olmaması önemli değildir. Birilerine faydası dokunduğuna dair, yani katkıda bulunduğuna dair öznel bir his yeterlidir. Sonra filozof şu sonuca varmıştı: Mutluluk katkıda bulunma hissidir. Bunda kesinlikle bir doğruluk payı vardı. ***Ama mutluluk sahiden de bundan ibaret mi? Benim aradığım mutluluk öyle değil!***

"ÖZEL BİR KİŞİ" OLMAK İSTEYENLERİN İZLEDİĞİ İKİ YOL

GENÇ: Hâlâ sorumu cevaplamadınız. Belki başkalarına katkıda bulunarak gerçekten de kendimi sevmeyi öğrenebilirim. Belki değerli olduğumu, işe yaramaz biri olmadığımı da hissedebilirim. Ama bir kişinin mutlu olmak için ihtiyaç duyduğu şey bundan ibaret midir? Bu dünyaya gelmiş bir olarak, gelecek nesillerin beni hatırlamasını sağlayacak kadar önemli bir iş başarmadığım sürece, "Ben, başkası değil ben" diye kendimi ispatlamadığım sürece, asla gerçek mutluluğu bulamayacağım. Kendini gerçekleştirme mutluluğu hakkında hiçbir şey anlatmadan, her şeyi kişilerarası ilişkiler çerçevesine oturtmaya çalışıyorsunuz. Bana sorarsanız, kaytarmaktan başka bir şey değil bu!

FİLOZOF: "Kendini gerçekleştirme mutluluğu" derken ne kastettiğini anladığımdan emin değilim. Tam olarak neden söz ediyorsun?

GENÇ: Herkes için farklı anlama gelen bir şey. Sanırım şöyle bir ayrım yapılabilir; bir tarafta toplumda başarılı olmak isteyenler vardır, diğer tarafta daha kişisel hedefleri olanlar. Mesela mucizevi bir ilaç geliştirmeyi amaçlayan bir araştırmacı ve tatmin edici bir eser bütünü üretmeye çalışan bir ressam.

FİLOZOF: Senin için hangisi geçerli?

GENÇ: Ben hâlâ ne aradığımı veya gelecekte ne yapmak istediğimi tam olarak bilmiyorum. Ama bir şey yapmam gerektiğini biliyorum. Hayatımın sonuna kadar üniversite kütüphanesinde çalışmayacağımı biliyorum. Ancak hayatımı adayabileceğim bir hayal bulduğumda ve kendimi gerçekleştirdiğimde gerçek mutluluğa erişeceğim. Babam gece gündüz çalışan biriydi ve bunun onun için mutluluk olup olmadığını bilemiyorum. En azından, bana her zaman meşgulmüş ve asla mutlu değilmiş gibi gelirdi. Ben böyle bir hayat sürmek istemiyorum.

FİLOZOF: Pekâlâ. Bu konuyu sorunlu davranışlar sergileyen çocuklar açısından düşünürsen, anlaman daha kolay olabilir.

GENÇ: Sorunlu davranışlar mı?

FİLOZOF: Evet. Bir kere, biz insanlarda "üstünlük arayışı" denen evrensel bir arzu vardır. Bu konuda konuştuklarımızı hatırlıyor musun?

GENÇ: Evet. Basitçe söylersek, "kendini geliştirme umudu" ve "ideal bir hal arayışı" anlamına gelen bir terim.

FİLOZOF: Pek çok insan, çocukluk döneminde, "hayırlı evlat" olmak için büyük çaba sarf eder. Sözgelimi ebeveynlerine itaat ederler, sosyal açıdan kabul görecek biçimde davranırlar ve büyük bir gayretle kendilerini derslere ve spora verirler, bunların yanısıra, okul dışındaki faaliyetlerde de büyük bir başarı sergilerler. Böylelikle ebeveynlerinden kabul görmeyi sağlamaya çalışırlar. Ama hayırlı evlat olmak işlemediğinde –örneğin dersleri ya da spor faaliyetleri iyi gitmediğinde– aksi davranır, kasten hayırsız evlat olmaya çalışırlar.

GENÇ: Bunu neden yaparlar?

FİLOZOF: Hayırlı olmaya çalıştıklarında da, hayırsız olmaya çalıştıklarında da hedef aynıdır: başkalarının dikkatini çekmek, "normal" olmaktan sıyrılmak ve "özel bir kişi" olmak. Tek hedefleri budur.

GENÇ: Hımm. Lütfen devam edin.

FİLOZOF: Her halükârda konu ister kişinin dersleri ister spor faaliyetleri olsun, herhangi bir şekilde kayda değer sonuçlar alacaksa, sürekli çaba sarf etmesi gerekir. Ama hayırsız evlat olmaya çalışanlar –yani sorunlu davranışlara başvuranlar– bu tür sağlıklı çabalardan kaçmaya çalışırken bile başkalarının dikkatini çekmeyi denerler. Adler psikolojisinde buna "kolay üstünlük arayışı" denir. Örneğin etrafa silgi fırlatarak veya yüksek sesle konuşarak dersi bölmeye çalışan sorunlu çocuğu ele alalım. Arkadaşlarının ve öğretmenlerinin dikkatini çekmeyi muhakkak başarır. Bulunduğu yere mahsus bir şey olsa da, böylece muhtemelen özel bir kişi olmayı başaracaktır. Ama bu kolay üstünlük arayışıdır ve sağlıksız bir davranıştır.

GENÇ: O halde suça meyleden çocuklar da mı kolay üstünlük arayışı peşindedir?

FİLOZOF: Evet, öyledirler. Okula gitmeyi reddetmekten bileklerini kesmeye, reşit olmadan içki ve sigara içmeye kadar bütün sorunlu davranışlar kolay üstünlük arayışı türleridir. İlk başlarda bahsettiğin eve kapanmış arkadaşın da bunu yapıyor. Bir çocuk sorunlu davranışlara başvurduğunda, ebeveynleri ve diğer yetişkinler onu azarlar. Azarlanan çocuk baskı altında hisseder. Ama azar işitme biçiminde olsa bile çocuk ebeveynlerinin dikkatini çekmek ister. Özel bir kişi olmayı arzular ve nasıl dikkat çektiği önemli değildir. Dolayısıyla bir bakıma ne kadar sert azar işitirse işitsin, haliyle çocuk sorunlu davranışları bırakmaz.

GENÇ: Azarlandığı için mi sorunlu davranışları bırakmaz?

FİLOZOF: Kesinlikle öyle. Çünkü ebeveynler ve diğer yetişkinler azarlama eylemiyle dikkatlerini ona vermiş olur.

GENÇ: Ama daha önce sorunlu davranışın hedefinden ebeveynlerden öç almak olarak söz etmemiş miydiniz? O konunun bununla bir bağlantısı var mı?

FİLOZOF: Evet. "Öç almak" ve "kolay üstünlük arayışı" birbirine kolaylıkla bağlanıyor. Kişi bir başkasının başına dert olarak "özel" olmaya çalışır.

NORMAL OLMA CESARETİ

GENÇ: Ama nasıl?.. Bütün insanların özel olması ya da bunun gibi bir şey imkânsız değil mi? Ne olursa olsun, insanların güçlü ve zayıf yönleri vardır, daima aralarında farklılıklar olacaktır. Dünyada sadece bir avuç dâhi var ve herkes onur derecesi alan öğrencilerden olamaz. Dolayısıyla dünyadaki bütün fiyasko tipler için kötü olmaktan başka bir çare de yoktur.

FİLOZOF: Evet, kimsenin bilerek kötülük yapmadığına dair şu Sokrates paradoksu bu. Çünkü sorunlu davranışlar sergileyen çocuklar açısından, şiddet dolu eylemler ve hırsızlık bile bir tür "iyi"yi gerçekleştirmektir.

GENÇ: Ama bu korkunç bir şey! Çıkışı olmayan bir mantık.

FİLOZOF: Adler psikolojisinde bu noktada "normal olma cesareti" devreye girer.

GENÇ: Normal olma cesareti mi?

FİLOZOF: Neden özel olmak gerekiyor? Muhtemelen kişi kendini olduğu gibi kabul edemediği için. İşte tam da bu yüzden iyi çocuk olmak fayda etmediğinde, kişi kocaman bir sıçramayla karşıt uca yani kötü çocuk olmaya geçer. Ama normal ve sıradan olmak gerçekten de kötü bir şey midir? Aşağı bir şey midir? Yoksa aslında herkes normal değil midir? Bunu mantıksal sonucuna kadar düşünmek gerek.

GENÇ: Normal olmam gerektiğini mi söylüyorsunuz?

FİLOZOF: Kendini kabullenmek hayati önem taşıyan ilk adımdır. Normal olma cesaretine sahip olabilirsen, dünyaya bakış açın da önemli ölçüde değişir.

GENÇ: Ama...

FİLOZOF: Normalliği reddetmenin nedeni, büyük ihtimalle, normal olmayı beceriksiz olmakla bir tutman. Normal olmak beceriksiz olmak değildir. Kişinin üstünlüğünü sergilemesi gerekmez.

GENÇ: Tamam, özel olmayı amaçlamanın tehlikesini kabul ediyorum. Ama insanın gerçekten de normal olmak için kasıtlı bir seçim mi yapması gerekiyor? Bu dünyadaki vaktimi tamamıyla alelade bir şekilde geçirirsem, varlığıma dair geride hiçbir kayıt ya da anı bırakmadan anlamsız bir yaşam sürersem, böyle bir insan olduğum için yazgıma razı mı olmam gerek? Dalga geçiyor olmalısınız. Böyle bir hayattan saniyesinde vazgeçerdim!

FİLOZOF: Ne olursa olsun, özel birisi mi olmak istiyorsun?

GENÇ: Hayır! Bakın, "normal" dediğiniz şeyi kabul edersem miskin benliğimi kabul etmiş olurum. "Elimden bu kadarı geliyor, bu konuda okeyim" demiş olurum. Böyle miskin bir yaşam tarzını kabul etmiyorum. Napolyon, Büyük İskender, Einstein veya Martin Luther King "normal" olanı kabul etmiş miydi? Ya Sokrates ve Platon? İmkânı yok! Çok büyük bir ihtimalle, hayatlarını yüce bir ideal veya hedefin meşalesini taşıyarak geçirmişlerdi. Bu mantıkla, bir Napolyon daha asla ortaya çıkamaz. Dünyadan dâhileri atmaya mı çalışıyorsunuz?

FİLOZOF: Pekâlâ, insanın hayatta yüce hedefleri olması gerektiğini söylüyorsun.

GENÇ: Ama öyle olması gerektiği bariz!

***

"Normal olma cesareti" – ne kadar korkunç bir ifade. Adler ve bu filozof bana gerçekten de böyle bir yolu seçmemi mi söylüyor? Hayatımı tamamıyla sıradan ve kimliksiz kitleler arasında basit bir insancık olarak yaşamamı mı söylüyorlar? Elbette dâhi falan değilim. Belki de "normal" tek seçeneğimdir. Belki de vasat benliğimi kabul etmem ve vasat, gündelik bir varoluşa teslim olmam gerekecek bir gün. Ama buna direneceğim. Ne olursa olsun, bu adama da sonuna kadar direneceğim. Tartışmamızın can alıcı noktasına ilerliyor gibiyiz. **Genç adamın nabzı hızla atıyordu ve yumruk yaptığı elleri hava buz gibi olmasına rağmen ter içinde kalmış parlıyordu.**

HAYAT BİR DİZİ ANDAN İBARETTİR

FİLOZOF: Tamam. Yüce hedeflerden söz ettiğinde, sanırım zirveye varmayı hedefleyen bir dağcı gibi bir şey canlanıyor gözünde.

GENÇ: Evet, doğru. Ben dahil herkes dağın zirvesine varmayı hedefler.

FİLOZOF: Ama hayat zirveye varmak için bir dağa tırmanmaktan ibaretse eğer, büyük bir kısmı "yolda" geçer. Yani kişinin "gerçek hayatı" dağ eteğinde tırmanışıyla başlar ve o noktaya kadar katettiği mesafe "geçici bir ben" tarafından yaşanan "geçici bir hayat" olur.

GENÇ: Galiba öyle de denebilir. Şu anki halimle, kesinlikle "yolda" olan biriyim.

FİLOZOF: Peki, diyelim ki zirveye varamadın. Bu durum hayatın açısından ne anlama gelirdi? Kazalar, hastalıklar vesaire nedeniyle insanlar her zaman zirveye varamaz, ki dağa tırmanma eylemi de çeşitli tehlikelerle doludur ve genellikle başarısızlıkla sonuçlanır. Dolayısıyla kişinin hayatı "yolda" sekteye uğrayabilir, böylece bu "geçici ben"in yaşadığı "geçici bir hayat"la kalakalır. Sence bu nasıl bir hayat olur?

GENÇ: Bu... Bence kişinin hak ettiğini bulmasıdır. Bir dağa tırmanacak yeteneğim veya fiziksel gücüm olmayabilir veya şansım yaver gitmeyebilir ya da bunu beceremiyorumdur – o kadar! Evet, bu kabul etmeye hazır olduğum bir gerçek.

FİLOZOF: Adler psikolojisinin bu konuda farklı bir yaklaşımı var. Hayatı bir dağa tırmanmak gibi düşünenler kendi varoluşunu çizgi olarak görür; kişi bu dünyaya gelir gelmez başlayan bir çizgi varmış, zirveye varana dek farklı boyutlarda türlü kıvrımlarla ilerliyormuş ve en sonunda sınır noktasına yani ölüme varıyormuş gibi. Hayatı bir tür hikâye gibi gören bu anlayış Freudyen etiyolojiyle (neden atfetmek) bağlantılı bir fikirdir ve hayatın büyük kısmını "yolda geçen" bir şeye dönüştüren bir düşünce tarzıdır.

GENÇ: Peki, hayat deyince sizin gözünüzde nasıl bir imge canlanıyor?

FİLOZOF: Hayata bir çizgiymiş gibi davranmamak. Hayatı bir dizi nokta olarak düşünmek. Tebeşirle çizilmiş düz bir çizgiye büyüteçle bakarsan, çizgi sandığın şeyin aslında bir dizi ufak nokta olduğunu görürsün. Çizgisel görünen bir varoluş aslında bir dizi noktadır, yani hayat bir dizi andan ibarettir.

GENÇ: Bir dizi an mı?

FİLOZOF: Evet. "Şimdi" denen bir dizi andan ibarettir. Sadece burada ve şu anda yaşayabiliriz. Hayatlarımız sadece anlarda var olur. Bunu bilmeyen yetişkinler gençlere "çizgisel" hayatlar dayatmaya çalışır. Gelenekle çizilmiş yollardan gitmenin –iyi üniversite, büyük şirket, sabit bir aile yaşamı– mutlu bir hayat olduğunu düşünürler. Ama hayat çizgilerden veya bu tür şeylerden oluşmaz.

GENÇ: O halde hayat planlaması veya kariyer planlaması yapmaya gerek yok mu?

FİLOZOF: Hayat bir çizgiden ibaret olsaydı, hayat planlaması yapmak mümkün olurdu. Ama hayatlarımız bir dizi noktadan ibarettir. Hayatı iyi planlamak gerekli veya gereksiz olarak ele alınacak bir şey değildir çünkü imkânsızdır.

GENÇ: Çok saçma! Ne kadar absürt bir fikir!

FİLOZOF: Bunda ne terslik var?

GENÇ: Argümanınız sadece hayatta planlar yapmayı reddetmekle kalmıyor, aynı zamanda çaba sarf etmeyi de reddediyor. Örneğin çocukken kemancı olmayı hayal etmiş, seneler süren sıkı bir eğitimden sonra nihayet ünlü bir orkestranın aktif bir üyesi haline gelmiş birinin hayatını düşünün. Ya da bir başka örnek olarak, sıkı çalışmalarının sonucunda avukatlık sınavını başarıyla geçip avukat olan birini hayal edin. Bu hayatların ikisi de hedefler ve planlar olmadan mümkün olamazdı.

FİLOZOF: Başka bir deyişle zirveye varmayı amaçlayan tırmanıcılar gibi, izledikleri yolda sebat mı ettiler?

GENÇ: Tabii ki!

FİLOZOF: Ama gerçekten de öyle mi? Bu insanlar hayatlarının istisnasız her ânını burada ve şu anda yaşamamış mıdır? Yani "yolda geçen" hayatlar yerine, her zaman burada ve şu anda yaşamışlardır. Örneğin kemancı olmayı hayal etmiş kişi her zaman müzik parçalarını incelemiş, her parçaya, her ölçüye ve notaya odaklanmıştır.

GENÇ: Hedeflerine bu şekilde ulaşabilirler mi?

FİLOZOF: Şöyle düşünelim: Hayat bir dizi andan oluşur ve kişi şu anda, geçmekte olan her ânın etrafında dönerek dans ediyormuş gibi yaşar. Sonra durup çevresine baktığında "Bayağı bir yol kat etmişim" diye geldiği yerin farkına varır. Keman dansını yapmış olanlar arasında, o yola bağlı kalıp profesyonel müzisyen olan kişiler vardır. Avukatlık sınavı dansını yapmış olanlar arasında avukat olan kişiler vardır. Yazarlık dansını yapmış olanlar arasında yazar olan kişiler vardır. Elbette, insanlar tamamıyla farklı yerlere de varabilirler. Ama bu hayatların hiçbiri "yolda ilerlerken" bir sona ulaşmamıştır. İnsan burada ve şu anda ettiği dansla tatmin oluyorsa, bu yeterlidir.

GENÇ: Kişinin şu anda dans edebiliyor olması yeterli midir?

FİLOZOF: Evet. Dans konusunda, dans etmenin kendisi hedeftir ve kimse bu sayede bir yere varmakla ilgilenmez. Doğal olarak, insan dans etmiş olmanın sonucunda bir yere varabilir. Kişi dans etmekte olduğu için, aynı yerde kalmaz, hareket eder. Ama varılacak bir nokta da yoktur.

GENÇ: Varılacak bir noktanın olmadığı bir hayat. Öyle şey mi olur? Kim rüzgârın estiği yöne doğru eğilen dengesiz bir hayatı kabul edebilir ki?

FİLOZOF: Dediğin türden, yani bir noktaya varmaya çalışan bir hayata "kinetik (dinamik) bir hayat" denebilir. Buna karşılık, benim sözünü ettiğim dans edilen hayata "*energeia* hayatı (fiili-aktif-durum)" denebilir.

GENÇ: Kinetik mi? *Energeia* hayatı mı?

FİLOZOF: Aristoteles'in açıklamasını düşünelim. Sıradan hareketin –buna *kinesis* denir– bir başlangıç ve bir bitiş noktası vardır. Başlangıç noktasından bitiş noktasına kadar olan hareket mümkün olduğunca etkin ve hızlı yapılırsa en iyi sonuç alınır. Ekspres tren varken, ne diye her durakta duran bölgesel trene binesin ki. Böyle bir anlayış.

GENÇ: Başka bir deyişle kişinin varmak istediği nokta bir avukat olmaksa, oraya mümkün olduğunca hızlı ve etkin bir biçimde varması en iyisidir.

FİLOZOF: Evet. Kişinin o noktaya varmak için izlediği yol da, hedefe henüz varılmamış olması açısından, tamamlanmamıştır. Buna kinetik hayat denir.

GENÇ: Yarı yol olduğu için mi?

FİLOZOF: Evet. Öte yandan *energeia* denen hareket türünde "şu anda oluşan" şey "zamanla oluşmuş" şeydir.

GENÇ: "Şu anda oluşan" şey "zamanla oluşmuş" şeydir derken?

FİLOZOF: Bunu şöyle de düşünebilirsin: sürecin kendisinin sonuç olarak ele alındığı hareket. Dans da böyledir, yolculuk da.

GENÇ: Of, kafam karışmaya başladı... Yolculuk derken neyi kastediyorsunuz?

FİLOZOF: Yolculuğa çıkmak nasıl bir hedeftir? Diyelim ki Mısır'a yolculuk yapacaksın. Büyük Giza Piramidi'ne mümkün olduğunca etkin ve hızlı gidip en kısa yoldan doğrudan eve dönmeye mi çalışırdın? İşte bu "yolculuk" olmaz. Evinden dışarı adım attığın anda yolculuğa çıkmış olman gerekir ve hedeflediğin noktaya giderken aradan geçen her ânın bir yolculuk olması gerekir. Elbette piramide varmanı engelleyebilecek durumlar olabilir ama bu senin bir yolculuğa çıkmadığın anlamına gelmez. "*Energeia* hayatı" budur.

GENÇ: Galiba bu konuyu anlayamadım. Dağın zirvesine varmayı hedefleyen bir değer sistemini reddetmiyor muydunuz? *Energeia* hayatını dağa tırmanmaya benzetirseniz ne olur?

FİLOZOF: Dağa tırmanmanın amacı zirveye varmaksa, bu kinetik bir eylem olur. Daha da aşırı bir örnek vermek gerekirse, dağın zirvesine bir helikopterle gidip beş dakika kadar orada kaldıktan sonra yine helikopterle geri döndüğünde zirveye çıkmış olmanın bir anlamı olmaz. Tabii zirveye çıkamamışsan da, dağa tırmanma yolculuğun başarısız olmuş demektir. Ama hedef dağa tırmanmaksa ve sadece zirveye varmak değilse, bunun *energeia* eylemi olduğu söylenebilir. Bu durumda kişinin zirveye varıp varmaması önemli değildir.

GENÇ: Bu tür bir argüman çok saçma! Tamamıyla kendi kuyunuzu kazdığınız bir çelişkiye düşüyorsunuz. Siz bütün dünyanın karşısında rezil olmadan önce, en iyisi ben bu utanmaz saçmalıklarınızı kesin olarak sonlandırayım.

FİLOZOF: Müteşekkir olurum.

IŞIKLARI BURAYA VE ŞU ÂNA ÇEVİRMEK

GENÇ: Bakın, etiyolojiyi çürütürken, geçmişe odaklanmayı reddettiniz. Geçmişin var olmadığını ve hiçbir anlamı olmadığını söylediniz. Bunları kabul ediyorum. İnsan geçmişini değiştiremez, doğru. Değiştirilebilecek bir şey varsa, gelecektir. Ama şimdi, bu *energeia* tarzı hayatı savunarak, planlamaya karşı çıkıyorsunuz, yani insanın geleceğini kendi iradesiyle değiştirmesine bile karşı çıkıyorsunuz. Dolayısıyla geçmişe bakmayı reddederken, geleceğe bakmayı da reddediyorsunuz. Adeta yolsuz bir yolda gözlerimi kapayarak yürümemi söylüyorsunuz.

FİLOZOF: Ne arkanı ne de önünü göremiyor musun?

GENÇ: Göremiyorum!

FİLOZOF: Ama bu doğal değil mi? Buradaki sorun nedir?

GENÇ: Ne? Neden söz ediyorsunuz?

FİLOZOF: Bir tiyatro sahnesinde durduğunu düşün. Salon ışıkları yandığında, muhtemelen salonun en arka sırasını bile görebilirsin. Ama parlak bir spot ışığı altındaysan, ön sırayı bile göremezsin. Hayatlarımız ilgili de durum böyledir. Bütün hayatımıza cılız bir ışık tuttuğumuz için geçmişi ve geleceği görebiliriz. Ya da en azından görebildiğimizi düşünürüz. Ama kişi buraya ve şu âna parlak bir spot ışığı tutarsa, artık geçmişi ya da geleceği göremez hale gelir.

GENÇ: Parlak bir spot ışığı mı?

FİLOZOF: Evet. İçtenlikle sadece burada ve şu anda yaşamamız gerekir. Geçmişi görebildiğini ya da geleceği tahmin edebileceğini düşünmen, içtenlikle burada ve şu anda yaşamaktan ziyade, loş bir alacakaranlıkta yaşadığının kanıtıdır. Hayat bir dizi andan ibarettir ve ne geçmiş ne de gelecek vardır. Sen geçmişe ve geleceğe odaklanarak kendine bir kaçış yolu arıyorsun. Ama geçmişte olanların burada ve şu anda yaşadıklarınla hiçbir ilgisi yok ve gelecekte olacaklar da burada ve şu anda düşünmen gereken şeyler değil. İçtenlikle burada ve şu anda yaşıyorsan, bu tür şeylere kafa yormazsın.

GENÇ: Ama...

FİLOZOF: Freudyen etiyoloji bakış açısını benimsediğinde, hayatı sebep-sonuç ilişkine dayalı muhteşem ve büyük bir hikâye olarak görürsün. Bu durumda mesele "nerede ve ne zaman doğdum", "çocukluğum nasıl geçti", "hangi okula gittim" ve "hangi şirkette iş buldum" haline gelir. Şu anda kim olduğumu ve ileride kim olacağımı da bunlar belirler. Hayatını bir hikâyeye benzetmek eğlenceli bir şey olabilir. Ama buradaki sorun, insanın hikâyenin sonundaki karanlığı görebilmesidir. Üstelik kişi o hikâyeye uygun bir hayat sürmeye çalışır. Sonra da "Hayatım şöyle şöyle, dolayısıyla bu şekilde yaşamaktan başka çarem yok" ve "Benim yüzümden değil – geçmişim, çevrem yüzünden" gibi şeyler söyler. Ama geçmişi öne sürmek bir kaçış yolundan, bir hayat yalanından başka bir şey değildir. Çünkü hayat bir dizi noktadan, bir dizi andan ibarettir. Bunu anladığın zaman, artık bir hikâyeye ihtiyaç duymazsın.

GENÇ: Bu şekilde anlattığınızda, Adler'in öne sürdüğü yaşam tarzı da bir tür hikâye oluyor.

FİLOZOF: Yaşam tarzı burasıyla ve şu anla ilgilidir ve kişinin kendi iradesiyle değiştirebileceği bir şeydir. Geçmiş hayatının sana düz bir çizgi gibi geliyorsa eğer, bunun nedeni sürekli değişmemeye karar vermen. Önünde uzanan hayat bomboş bir sayfadır ve izleyeceğin belirlenmiş yollar yoktur. Burada bir hikâye yok.

GENÇ: Ama bu sadece ânı yaşamak olur. Daha da kötüsü, feci bir hedonizm anlamına gelir!

FİLOZOF: Hayır. Işıkları buraya ve şu âna çevirmek, şu anda elinden ne geliyorsa içtenlikle ve özenle yapmaktır.

EN BÜYÜK HAYAT YALANI

GENÇ: İçtenlikle ve özenle yaşamak mı?

FİLOZOF: Örneğin bir kişi üniversiteye gitmek istiyordur ama çalışmaya hiç çaba göstermiyordur. Bu, içtenlikle burada ve şu anda yaşama tavrı değildir. Elbette, giriş sınavına daha çok zaman olabilir. Belki de bu kişi neye çalışması ya da ne kadar çok çalışması gerektiğinden değildir ve bu yüzden çalışmak ona zahmetli geliyordur. Ama bunu azar azar yapmak yeterlidir – her gün birkaç matematik formülünü çalışabilir, birkaç kelime ezberleyebilir. Kısacası, o konuştuğumuz dansı edebilir. Böylece muhakkak "Bugün bunları yaptım" diye hisseder; "Bugün sırf bunun için vardı" diyebilir. Belli ki bugün ileri tarihteki bir giriş sınavı günü değildir. Aynı şey baban için de geçerli – baban muhtemelen günlük iş hayatının dansını içtenlikle yapıyordu. Büyük bir hedefi olmadan veya o hedefe ulaşma ihtiyacı olmadan, burada ve şu anda yaşadı. Bu doğruysa, demek ki babanın hayatı mutlu geçmiş.

GENÇ: Bu yaşam tarzını kabul etmemi mi söylüyorsunuz? Babamın hiç bitmeyen bir iş yüküyle geçen hayatını kabul etmemi mi söylüyorsunuz?

FİLOZOF: Bunu zorla kabul etmene gerek yok. Sadece babanın hayatını, ulaştığı bir çizgi olarak görmektense, nasıl yaşadığına, hayatının anlarına bakmaya başla.

GENÇ: Hayatının anları...

FİLOZOF: Aynı şey senin hayatın için de söylenebilir. Uzak gelecek için hedefler belirliyor, şu ânı hazırlık evresi olarak görüyorsun. "Bunu gerçekten de yapmak istiyorum ve zamanı gelince yapacağım" diye düşünüyorsun. Böyle yaşamak hayatı ertelemektir. Hayatı ertelediğimiz sürece asla bir yere varamayız ve günlerimizi sıkıcı bir monotonluk içinde geçiririz, çünkü burayı ve şu ânı bir hazırlık dönemi, sabırlı olmamız gereken bir zaman olarak görürüz. Ama gerçek olan, bu örnek bağlamında, uzak gelecekteki bir giriş sınavı için çalıştığın "burada ve şu an"dır.

GENÇ: Tamam, bunu kabul ediyorum. İçtenlikle burada ve şu anda yaşamayı ve bir çizgi kurgulamamayı kesinlikle kabul edebilirim. Ama hayatımda hayaller ya da hedefler yok. Hangi dansı yapacağımı bilmiyorum. Benim için burası ve şu an hiçbir anlamı olmayan anlardan başka bir şey değil.

FİLOZOF: Hedeflerin olmaması sorun değil. İçtenlikle burada ve şu anda yaşamak zaten başlı başına bir danstır. İnsanın fazla ciddi olmaması gerekir. Lütfen, içtenlikle yaşamayı fazla ciddi olmakla karıştırma.

GENÇ: İçtenlikle yaşa ama fazla ciddi olma.

FİLOZOF: Evet. Hayat her zaman basittir, fazla ciddi olmamız gereken bir şey değildir. Her ânımızı içtenlikle yaşarsak, fazla ciddi olmamıza da gerek kalmaz. Aklında tutmanı istediğim bir şey daha var. Kişi *energia* bakış açısını benimsediğinde, hayat her zaman tamamlanmış olur.

GENÇ: Tamamlanmış mı?

FİLOZOF: Senin ya da benim hayatım burada ve şu anda sona erecek olsaydı, ikisine de mutsuz hayatlar diyemezdik. Yirmi yaşında sona eren hayata da, doksan yaşında sona eren hayat da tamamlanmış ve mutlu hayatlardır.

GENÇ: O halde, burada ve şu anda içtenlikle yaşarsam, bu anlar her zaman tamamlanmış mı olur?

FİLOZOF: Aynen öyle. Tartışmamız boyunca pek çok kere "hayat yalanı" ifadesini kullandım. Konuşmamızı en büyük hayat yalanından söz ederek sonlandırmak isterim.

GENÇ: Lütfen.

FİLOZOF: En büyük hayat yalanı burada ve şu anda yaşamamaktır. Yani geçmişe ve geleceğe bakmaktır, tüm hayatına cılız bir ışık tutmak ve bir şey görebildiğine inanmaktır. Şimdiye kadar, buradan ve şu andan uzak durdun ve sadece kurgulanmış geçmişlere ve geleceklere ışık tuttun. Hayatına, yeri doldurulamayacak anlara büyük bir yalan söyledin.

GENÇ: Peki!

FİLOZOF: O yüzden hayat yalanını bir kenara bırak ve korkusuzca buraya ve şu âna parlak bir ışık tut. Bu yapabileceğin bir şey.

GENÇ: Yapabileceğim bir şey mi? Bu anları hayat yalanına başvurmadan içtenlikle yaşayacak cesarete sahip olduğumu mu düşünüyorsunuz?

FİLOZOF: Geçmiş de gelecek de olmadığına göre, şimdiki andan söz edelim. Bunu belirleyen şey dün ya da yarın değildir. Burası ve şu andır.

ANLAMSIZMIŞ GİBİ GÖZÜKEN HAYATA ANLAM KATMAK

GENÇ: Tam olarak ne demek istiyorsunuz?

FİLOZOF: Bence bu tartışma suyun kıyısına vardı. Suyu içip içmemek tamamıyla senin kararın.

GENÇ: Eh, belki de Adler psikolojisi ve sizin felsefeniz beni gerçekten de değiştiriyordur. Belki de değişmeme kararlılığımı bir kenara bırakmaya çalışıyorumdur; yeni bir yaşam biçimini, yeni bir yaşam tarzını seçmeye çalışıyorumdur... Ama bir dakika. Sormak istediğim son bir şey var.

FİLOZOF: Nedir?

GENÇ: Hayatı bir dizi an, sadece burada ve şu anda var olmak olarak ele alırsak, hayatın nasıl bir anlamı olabilir? Ne yapmak üzere dünyaya geldim ve son nefesimi verene dek bu zorlu hayata neden dayanıyorum? Bütün bunlar beni aşıyor.

FİLOZOF: Hayatın anlamı nedir? İnsanlar ne için yaşar? İnsanlar Adler'e bu tür sorular sorduğunda, şöyle cevap verirdi: "Hayatın genel olarak bir anlamı yoktur."

GENÇ: Hayat anlamsız mı?

FİLOZOF: Yaşadığımız dünya sürekli her türlü korkunç olayla kuşatılmış haldedir; sürekli savaşların yol açtığı yıkımlar ve doğal afetler içinde yaşıyoruz. Savaşın karmaşasında çocukların öldüğü gerçeğiyle yüzleştiğimizde, insan hayatın anlamıyla ilgili hiçbir şey söyleyemez hale gelir. Başka bir deyişle hayata dair genellemeler yapmak boştur. Ama bu tür akıl almaz trajediler karşısında hiçbir eylemde bulunmamak bunları onaylamakla birdir. Şartlar ne olursa olsun, bir şekilde eylemde bulunmamız gerekir. Kant'ın "eğilim" dediği şeye karşı çıkmamız gerekir.

GENÇ: Evet!

FİLOZOF: Diyelim ki bir kişi büyük bir doğal afet yaşadı ve tepki olarak etiyolojik bir şekilde geçmişe bakıp şöyle dedi: "Böyle bir şey yaşanmasına ne neden olmuş olabilir?" Böyle bir sorunun ne anlamı var? Badireler ileriye bakmak ve "Şu andan itibaren ne yapabilirim?" diye düşünmek için bir fırsat olarak görülmeli.

GENÇ: Kesinlikle katılıyorum!

FİLOZOF: Adler "Hayatın genel olarak bir anlamı yoktur" dedikten sonra sözlerine şöyle devam eder: "Hayatın her ne anlamı olacaksa, bunu bireyin tayin etmesi gerekir."

GENÇ: Bireyin mi tayin etmesi gerekir? Bunun anlamı ne?

FİLOZOF: Savaş döneminde, dedem yangın bombaları altında kalmış ve yüzü ciddi bir şekilde yanmış. Her açıdan korkunç, insanlığa sığmayan bir olay. "Dünya korkunç bir yer" ya da "İnsanlar benim düşmanım" perspektifine göre bir yaşam tarzı seçmesi kesinlikle olasılık dahilindeydi. Ama dedem hastaneye gitmek için her trene bindiğinde, ona daima yer veren yolcular olurmuş. Bunu annemden dinlediğim için, dedemin nasıl hissettiğini bilemiyorum. Ama şuna inanıyorum: Dedem "İnsanlar benim yoldaşım ve dünya harika bir yer" perspektifine göre bir yaşam tarzı seçti. Adler "Hayatın her ne anlamı olacaksa, bunu bireyin tayin etmesi gerek" derken tam olarak buna işaret ediyor. Dolayısıyla hayatın genel olarak hiçbir anlamı yok. Ama o hayata sen bir anlam verebilirsin. Kendi hayatına anlam verebilecek tek kişi de sensin.

GENÇ: O zaman lütfen söyleyin bana! Anlamsız bir hayata, nasıl doğru bir anlam verebilirim ki? Henüz bunu yapacak özgüvene sahip değilim!

FİLOZOF: Hayatında kaybolmuş durumdasın. Neden kayboldun? Çünkü özgürlüğü seçmeye çalışıyorsun; başka bir deyişle başkaları tarafından sevilmemekten korkmadığın ve başkalarının hayatını yaşamadığın, sadece sana ait olan bir yolu seçmeye çalışıyorsun.

GENÇ: Doğru! Mutluluğu ve özgürlüğü seçmek istiyorum!

FİLOZOF: Özgürlüğü seçmeye çalıştığımızda, yolumuzu kaybetmemiz gayet doğaldır. Bu noktada, Adler psikolojisinin işaret ettiği "yol gösterici yıldız" özgür bir hayat istikametini gösteren bir pusula işlevi görür.

GENÇ: Yol gösterici yıldız mı?

FİLOZOF: Tıpkı Kutup Yıldızı'na bakarak yönünü bulan gezgin gibi, hayatımızda bizlere yol gösteren bir yıldız olmasına ihtiyaç uyarız. Adler psikolojisinin düşünce tarzı budur. Bu pusulayı gözden kaybetmediğimiz ve bu yönde ilerlediğimiz sürece mutluluğun var olduğunu söyleyen kapsamlı bir idealdir bu.

GENÇ: Bu yıldız nerede?

FİLOZOF: Başkalarına katkıda bulunmakta.

GENÇ: Ne? Başkalarına katkıda bulunmak mı!

FİLOZOF: Hangi halde olursan ol, ya da seni sevmeyen kişiler olsa da, sana yol gösteren "Başkalarına katkıda bulunuyorum" yıldızını gözden kaybetmediğin sürece yolunu şaşırmazsın ve ne istersen yapabilirsin. Sevilsen de sevilmesen de buna aldırış etmezsin ve özgürce yaşarsın.

GENÇ: Başkalarına katkıda bulunma yıldızı gökyüzünde tepemde olduğu sürece, mutluluk ve yoldaşlarım her zaman yanımda olur.

FİLOZOF: O zaman, burada ve şu ânda içtenlikle dans edelim ve içtenlikle yaşayalım. Geçmişe de geleceğe de bakmayalım. Her ânı tam bir an olarak dans gibi yaşayalım. Kimseyle rekabet etmemize gerek yok ve varış noktasına da ihtiyaç yok. Dans ettiğin sürece, zaten bir yerlere varırsın.

GENÇ: Kimsenin bilmediği "bir yer"e!

FİLOZOF: *Energia* hayatının tabiatı böyledir. Şu âna dek yaşadığım hayatıma dönüp baktığımda, ne kadar denersem deneyeyim asla neden burada ve şu anda olduğuma dair tatmin edici bir açıklama bulamıyorum. Ama bir zamanlar odak noktam Eski Yunan felsefesiydi, sonra beraberinde Adler psikolojisi üstüne çalışmaya başladım, şimdi bugün burada, seninle, yeri doldurulamayacak arkadaşımla derin bir sohbet içerisindeyim. Bu da anlarda dans etmiş olmanın bir sonucu – tek açıklaması bu. Burada ve şu anda içtenlikle ve dolu dolu dans ettiğinde, hayatının anlamı senin için açıklığa kavuşacak.

GENÇ: Öyle mi? Size... size inanıyorum!

FİLOZOF: Evet, lütfen inan. Senelerce Adler'in düşünceleriyle yaşadıktan sonra fark ettiğim bir şey var.

GENÇ: Nedir?

FİLOZOF: Tek bir kişide muazzam bir güç vardır, daha doğrusu "bende muazzam bir güç var".

GENÇ: Ne demek istiyorsunuz?

FİLOZOF: Şöyle diyeyim: "Ben" değişirse, dünya da değişir. Yani dünya sadece benim tarafımdan değiştirilebilir ve onu benim için başka kimse değiştiremez. Adler psikolojisini öğrendiğimden beri gördüğüm dünya bir zamanlar bildiğim dünya değil.

GENÇ: Ben değişirsem, dünya da değişir. Dünyayı benim için başka kimse değiştiremez...

FİLOZOF: Uzun seneler miyop olan bir kişinin hayatında ilk kez gözlük taktığında yaşadığı şoka benzer bir şey. Dünyanın daha önceden belirsiz olan hatları belirginleşir, hatta renkler bile daha canlı hale gelir. Ayrıca sadece kişinin görüş alanı değil, gözle görülebilir tüm dünya netleşir. Sen de buna benzer bir deneyim yaşadığında, ne kadar mutlu olacağını hayal edebiliyorum.

GENÇ: Ah, keşke bunu on sene, hiç olmazsa beş sene önce biliyor olsaydım. Keşke bunu beş sene önce, bir iş bulmadan önce biliyor olsaydım...

FİLOZOF: Hayır, öyle düşünme. "Keşke bunu on sene önce biliyor olsaydım" diyorsun. Adler'in düşüncesi artık sana hitap ettiği için, şu anda böyle düşünüyorsun. Kimse on sene önce bu konuda ne düşünmüş olabileceğini bilemez. Bu konu şu anda duyman gereken bir şeydi.

GENÇ: Evet, kesinlikle!

FİLOZOF: Bir kez daha, Adler'in sözlerini tekrarlayayım: "Birisinin başlaması gerek. Başkaları işbirliği yapmayabilir ama bu seni bağlamaz. Benim önerim şu: Sen başla. Başkalarının işbirliği yapıp yapmamasına aldırma."

GENÇ: Değişen şeyin ben mi olduğumu yoksa o izleme noktasından gördüğüm dünya mı olduğunu bilemiyorum henüz. Ama kesin olarak söyleyebileceğim bir şey var: Burası ve şu an ışıl ışıl parlıyor! Evet, öylesine parlak ki yarınla ilgili neredeyse hiçbir şey göremiyorum.

FİLOZOF: İnanıyorum, suyu içtin. Pekâlâ, ileriye doğru ilerleyen genç dostum, birlikte yürüyelim mi?

GENÇ: Ben de size inanıyorum. Evet, hadi birlikte yürüyelim. Bana ayırdığınız zaman için teşekkür ederim.

FİLOZOF: Ben de sana teşekkür ederim.

GENÇ: Umarım bir ara sizi yeniden burada ziyaret etmemin bir sakıncası yoktur. Evet, yeri doldurulamayacak arkadaşınız olarak. Artık argümanlarınızı yerle bir etmekle ilgili bir şey söylemeyeceğim.

FİLOZOF: Ha-ha! Nihayet bana genç bir kişi gibi gülümsedin. Eh, vakit bir hayli geç olmuş. Hadi bakalım, güzelce uyuyup yeni sabahı karşılayalım.

***

Genç adam ağır ağır ayakkabılarını bağladı ve filozofun evinden ayrıldı. Kapıyı açtığında, bir kar manzarasıyla karşılaştı. Dolunayın süzülen sureti ayaklarının dibindeki beyazlığı aydınlattı. *Ne kadar berrak bir hava. Ne kadar göz kamaştırıcı bir ışık. Yeni yağmış bu ferah karların üstünde yürüyüp ilk adımımı atacağım.* Genç adam derin bir nefes aldı, hafif kirli sakalını ovuşturdu ve kendinden emin bir şekilde mırıldandı: "Dünya basit, hayat da öyle."

SONSÖZ

Fumitake Koga

Hayatta bazı karşılaşmalar vardır ki, bir gün tesadüfen elinize aldığınız bir kitap bir bakarsınız ertesi sabah önünüzdeki bütün manzarayı değiştirir.

1999 kışıydı, yirmilerinde bir gençtim, şansıma o yaşta Ikebukuro'daki bir kitapçıda böyle bir kitaba rastlamıştım. İşte o kitap Ichiro Kishimi'nin *Adora Shinrigaku Nyumon* (Adler Psikolojisine Giriş) adlı kitabıydı.

Bu kitap her açıdan derin ama basit bir dille aktarılan bir düşünce biçimi vardı; doğru bildiklerimizi temelden sarsıp alt üst eden bir düşünce. Travmayı reddeden ve etiyolojiyi teleolojiye dönüştüren bir Kopernik devrimiydi. Freud ve Jung'un söylemlerinde öteden beri beni ikna etmeyen bir şeyler hissettiğim için, bu kitap beni derinden etkiledi. Kimdi bu Alfred Adler? Nasıl olmuştu da ismini duymamıştım? Adler tarafından yazılmış veya onunla ilgili bulabildiğim bütün kitapları aldım ve kendimi tamamıyla bunlara verip tekrar tekrar okudum.

Sonra şu gerçeği fark ettim: İlgimi çeken şey sadece Adler psikolojisi değil, daha ziyade filozof Ichiro Kishimi'nin filtresinden süzülen şeydi. Aradığım şey Kishimi-Adler çalışmalarıydı.

Kishimi'nin bize sunduğu Adler psikolojisi Sokrates, Platon ve diğer Eski Yunan filozoflarının düşüncelerine dayalı; dolayısıyla Adler'i, çalışmaları klinik psikolojinin sınırlarını aşan bir düşünür, bir filozof olarak gösteriyor bize. Örneğin "Kişi ancak sosyal bağlamlarda birey haline gelebilir" ifadesi tamamıyla Hegel'in düşüncelerine dayanıyor; nesnel gerçekliktense öznel yorumu vurgulaması Nietzsche'nin dünya görüşünü yankılıyor; ayrıca Husserl ve Heidegger'in fenomenolojisini hatırlatan fikirler de oldukça fazla.

Bu felsefi içgörülerden ilham alan buradaki Adler psikolojisinin şu beyanları –"Bütün sorunlar kişilerarası ilişki sorunlarıdır", "İnsanlar değişebilir ve şu andan itibaren mutlu olabilir" ve "Mesele beceri değil cesarettir"– kafası son derece karışık bu genç adamın dünyaya bakışını tamamıyla değiştirecekti.

Ne var ki o zamanlar etrafımda Adler psikolojisini duymuş olan kimse yoktu. Zamanla Kishimi'yle birlikte Adler psikolojisinin (Kishimi-Adler çalışmalarının) eksiksiz bir edisyonu olacak bir kitap yazmak istediğimi anladım ve birbiri ardına bir sürü yayıncıyla temasa geçip sabırla bu fırsatın karşıma çıkmasını beklemeye başladım.

Kyoto'da yaşayan Kishimi'yle nihayet Mart 2010'da tanışabildim. *Adler Psikolojisine Giriş*'i okumamın üzerinden on seneden fazla zaman geçmişti. Kishimi bana o zaman şunu söylemişti: "Sokrates'in düşüncelerini Platon aktarmıştı. Ben de Adler için bir Platon olmak istiyorum." Ben de hiç düşünmeden şöyle cevap vermiştim: "O halde ben de sizin için bir Platon olacağım, Bay Kishimi." İşte bu kitap böyle ortaya çıktı.

Adler'in basit ve evrensel fikirlerinin bir özelliği de zaman zaman bariz olanı söylüyormuş gibi görünmesi, bazen de gerçekleştirmesi imkânsız gibi duran idealist teorilerden söz etmesi. Dolayısıyla bu kitapta okurda uyanabilecek tereddütlere karşılık gelmesi umuduyla, bir filozof ve genç bir adam arasında geçen bir diyalog formatını kullandım.

Buradaki anlatıda da belirtildiği gibi, Adler'in fikirlerini benimsemek ve uygulamak kolay değildir. İnsanı isyan ettiren hususlar, kabul etmesi zor beyanlar ve kavraması zor önermeler bulunuyor.

Ama Adler'in fikirlerinin kişinin hayatını tamamen değiştirme gücü vardır, ki on seneyi aşkın bir süre önce benim için böyle olmuştu. Dolayısıyla mesele sadece ileriye doğru bir adım atma cesaretine sahip olmak.

Bitirirken, Ichiro Kishimi'ye derin minnetlerimi sunmak istiyorum, ondan çok daha genç olduğum halde bana asla öğrencisiymişim gibi davranmadı ve doğrudan beni doğrudan bir dost olarak karşıladı; ayrıca izlediğimiz yolun her adımında sabırla ve cömertlikle bize destek olduğu için yayıncımız Yoshifumi Kakiuchi'ye ve son olarak bu kitabın tüm okurlarına da derin minnetlerimi sunarım.

İçten teşekkürlerimle.

* * *

Ichiro Kishimi

Adler'in ölümünün üzerinden yarım yüzyıldan uzun zaman geçti ama çağımız hâlâ onun fikirlerinin yeniliğine yetişemedi. Freud veya Jung'la kıyaslandığı halde, Adler ismi bugün Japonya'da çok az bilinmektedir. Adler'in öğretilerinin "umuma mal olmuş bir maden" olduğu söylenir, herkes oradan kendince bir şeyler kazıp çıkarır. İsminden pek bahsedilmese de, öğretilerinin etkisi dünyanın dört bir yanına yayılmıştır.

Ergenlik yıllarımın sonlarından beri felsefeyle uğraşıyorum ama Adler psikolojisiyle ilk karşılaşmam çocuğum dünyaya geldiği sıralarda, otuzlu yaşlarımın başlarında oldu. "Mutluluk nedir?" sorusunu irdeleyen *eudaimonia* teorisi Batı felsefesinin temel temalarından biridir. Adler psikolojisini ilk kez duyduğum konferansa katılana dek, uzun seneler bu soruyu düşünmüştüm. Konuşmacının kürsüden "Bugünkü konuşmamı dinleyenler hemen şu andan itibaren değişebilir ve mutlu olabilir" dediğini duyduğumda, bu sözler bana itici gelmişti. Ama bir yandan da mutluluğu nasıl bulabileceğimi hiçbir zaman derinlemesine düşünmediğimi ve "mutluluğu bulma" fikrinin belki de düşündüğümden daha kolay olabileceğini fark ettim, bunun üzerine Adler psikolojisiyle ilgilenmeye başladım.

Böylece felsefenin yanısıra Adler psikolojisi üstüne de çalışmaya başladım. Ama çok geçmeden, bunları iki ayrı alan olarak inceleyemeyeceğimi anladım.

Örneğin teleoloji fikri Adler'in zamanında bir anda ortaya çıkmamıştı, Platon ve Aristoteles'in felsefesinde zaten vardı. Adler psikolojisinin Yunan felsefesiyle aynı hatlarda duran bir düşünce biçimi olduğunu anladım. Ayrıca Sokrates'in gençlerle yaptığı ve Platon'un gelecek nesiller için yazarak kaydettiği diyalogların günümüzde uygulanan danışmanlık hizmetine çok yakın olduğunu fark ettim.

Birçok kişi felsefeyi anlaması zor bir konu olarak düşünse de, Platon'un diyaloglarında teknik bir dil bulunmaz.

Felsefenin sadece uzmanlar tarafından anlaşılan kavramlarla tartışılan bir şey olması gerektiği düşüncesi bana tuhaf geliyor. Çünkü felsefe, asıl anlamı itibariyle, "bilgelik" değil "bilgelik sevgisi" demektir ve önemli olan, bilmediğimiz şeyi öğrenme süreci ve bilgeliğe varmaktır.

Sonunda bilgeliğe ulaşıp ulaşmamamızın bir önemi yoktur.

Platon'un diyaloglarını bugün okuyan bir kişi, örneğin, cesaretle ilgili diyaloğun herhangi bir sonuca varmadan sona ermesine şaşırabilir.

Sokrates'le diyaloglara giren gençler onun başlangıçta söylediği şeylere asla katılmazlar. Onun iddialarını baştan sona çürütürler. Bu kitap da Sokrates zamanından beri var olan felsefe geleneğini sürdürmektedir ve bu yüzden de bir filozof ile bir genç arasındaki diyalog formatını izlemiştir.

Adler psikolojisini öğrendikten sonra –ki Adler psikolojisi başka bir felsefedir– kendisinden önceki kişilerin eserlerini sadece okuyup yorumlayan araştırmacıların yaşam tarzı beni tatmin etmemeye başladı. Sokrates gibi diyaloglara girmek istedim ve zamanla psikiyatri kliniklerinde ve başka yerlerde danışmanlık hizmeti vermeye başladım.

Böylece çok sayıda gençle tanıştım. Bu gençlerin hepsi kendileri olarak yaşamak istiyordu ama birçoğuna dünya ve hayat yorgunu büyükleri tarafından "daha gerçekçi olmaları" söylenmişti ve kendi hayallerinden vazgeçmek üzereydiler; bu gençler, tam da saf oldukları için, karmaşık kişilerarası ilişkiler ağına dolanmış ve zorlu deneyimler geçirmiş kişilerdi.

Kendin olarak yaşamak önemli bir şeydir ama tek başına yeterli değildir. Adler bize bütün sorunların kişilerarası ilişki sorunları olduğunu söyler. Ama kişi nasıl kişilerarası iyi ilişkiler geliştireceğini bilmiyorsa, sonunda başkalarının beklentilerini karşılamaya çalışan biri olabilir. Söyleyeceği bir şey varken bile başkalarını incitmekten korktuğu için iletişim kuramayan birisi sonunda hayatta gerçekten yapmak istediği şeyden vazgeçebilir.

İnsan tanıdıkları arasında pekâlâ popüler olabilir ve onu sevmeyenlerin sayısı az olabilir, ama bununla birlikte kendi hayatını yaşamaktan âciz olabilir.

Bu kitaptaki genç gibi birçok sorunu olan ve gerçeklerin acı yönüne uyanmış birisi için, bu filozof tarafından öne sürülen fikirler –"Dünya basit bir yerdir ve herkes bugünden itibaren mutlu olabilir"– şaşkınlık yaratabilir.

Adler "Benim psikolojim herkes için geçerlidir" der ve teknik bir dili Platon gibi bir kenara atarak, kişilerarası ilişkilerimizi geliştirmeye yönelik belirli adımları gösterir bize.

Adler'in görüşlerini kabul etmek zordur çünkü toplumdaki alışıldık düşünme biçimlerine karşı bir antitezler toplamıdır ve anlaşılabilmesi için gündelik hayatta uygulanması gerekir. Adler'in ifadeleri zor olmadığı halde, kara kışta kavurucu yaz sıcaklarını hayal etmek gibi bir zorluk hissi söz konusu olabilir, yine de umuyorum ki okurlar burada sunulan temel fikirleri kendi kişilerarası sorunlarını çözebilecek kadar anlayacaktır.

Bu kitabın ortak yazarı Fumitake Koga ofisime ilk geldiğinde "Sizin için bir Platon olacağım, Bay Kishimi" dedi. Bilinen hiçbir yazılı eser bırakmamış olan Sokrates'in felsefesini günümüzde öğrenebilmemizin nedeni Platon'un onun diyaloglarını yazıya dökmüş olmasıdır. Ama Platon, Sokrates'in söylediklerini aynen kaydetmemişti. Sokrates'in öğretilerinin bugüne kalması sözlerinin Platon tarafından doğru anlaşılması sayesindedir.

Birkaç sene boyunca benimle tekrar tekrar diyaloğa girme sabrı gösteren Koga'nın sıradışı kavrayış gücü sayesinde bu kitap günyüzüne çıktı. Koga da ben de sık sık üniversite günlerimizdeki hocalarımızı ziyaret ettik, dolayısıyla bu kitaptaki genç ikimiz de olabiliriz, ama herkesten çok, aslında bu kitabı almış olan sizlersiniz. Son olarak, gönülden dileğim şu ki, akılda birtakım kuşkular ve tereddütler kalsa bile, umarım bu diyalog yoluyla hayattaki her türlü durumda kararlılık göstermenize destek olabilirim.

Ichiro Kishimi 1956'da Kyoto'da dünyaya gelmiştir ve halen bu şehirde yaşamaktadır. Kyoto Üniversitesi'nde felsefe eğitimi almış, 1989'dan itibaren klasik Batı felsefesine odaklanmış, özellikle Platon felsefesinde uzmanlaşmıştır. Daha sonra Adler psikolojisi üzerine çalışmaya başlayıp Alfred Adler'in seçme yazılarını Japoncaya çevirmiş, 1999'da *Adler Psikolojisine Giriş* adlı kitabı yazmıştır. Kyoto'daki Maeda Kliniği'nde psikolojik danışman olarak çalışmış, Kyoto Eğitim Üniversitesi'nde ve Nara Üniversitesi'nde felsefe ve Eski Yunanca dersleri, Osaka'daki Meiji Üniversitesi'nde ise klinik psikoloji ve eğitim psikolojisi dersleri vermiştir. Ayrıca yıllarca Japonya Adler Psikolojisi Cemiyeti'nin başkanlığını yürütmüştür. Halihazırda kendi kliniğinde danışmanlık yapıyor, Adler psikolojisi, eğitim ve felsefe konularında kitaplar yazmaya ve konuşmalar yapmaya devam ediyor.

Fumitake Koga 1973 yılında dünyaya gelmiştir. İş dünyasıyla ilgili ve kurgudışı türde çok-satanlar listelerine giren pek çok kitap yazmıştır. Adler psikolojisiyle yirmili yaşlarında tanışmış ve bu psikolojinin geleneksel anlayışları reddeden fikirlerinden çok etkilenmiştir. Bunun üzerine Kyoto'da Ichiro Kishimi'yi pek çok kere ziyaret etmiş, ondan Adler psikolojisinin esaslarını öğrenmiş ve Yunan felsefesindeki klasik diyalog formatında bu kitabı oluşturan notları tutmuştur.